AF224880

UNE ENQUÊTE SOCIALE

LA GRÈVE DE CARMAUX

ET

LA VERRERIE D'ALBI

PAR

LÉON DE SEILHAC

{◦}◦{◦}

Librairie académique PERRIN et Cie.

LA GRÈVE DE CARMAUX

ET

LA VERRERIE D'ALBI

DU MÊME AUTEUR :

Le Monde socialiste. *Groupes et programmes.*

Chez ARMAND COLIN.

TYPOGRAPHIE FIRMIN-DIDOT ET Cie. — MESNIL (EURE).

UNE ENQUÊTE SOCIALE

LA GRÈVE DE CARMAUX

ET

LA VERRERIE D'ALBI

PAR

LÉON DE SEILHAC

PARIS

LIBRAIRIE ACADÉMIQUE DIDIER

PERRIN ET Cie, LIBRAIRES-ÉDITEURS

35, QUAI DES GRANDS-AUGUSTINS, 35

1897

———

LA GRÈVE DE CARMAUX

ET

LA VERRERIE D'ALBI

———

I

AVANT LA GRÈVE

I. — Les causes locales de l'industrie verrière
et l'action créatrice des patrons.

C'est à l'existence des mines que l'on doit la création de la verrerie de Carmaux. A une époque où l'écoulement du charbon se faisait difficilement, on cherchait à employer le charbon *sur place*, à créer des verreries, des hauts fourneaux, des forges. Aujourd'hui, cette raison n'existe plus ; le charbon voyage à prix réduit et les verreries s'occupent beaucoup moins des nécessités de la fabrication que des facilités de débouchés pour leurs produits. Aussi voit-on des verreries nombreuses se créer à Marseille, à Bordeaux, à Aubervilliers, loin des mines de charbon, mais près des centres de consommation.

La découverte des mines de Carmaux remonterait à quatre siècles, d'après les documents authentiques ; mais à six cents ans d'après les évaluations des ingénieurs, si l'on tient compte du grand nombre de caves, de puits et de fouilles que l'on remarque dans le bassin Carmausin. On compte plus de 300 fouilles ou caves, et plus de 200 puits.

C'est aux affleurements des veines qui surgissent le long du petit ruisseau, le *Cérou,* que l'on doit la découverte des mines. Au début, la houille fut extraite de la façon suivante : on exploitait au moyen d'excavations, qu'on pratiquait à l'affleurement des veines et qui suivaient leur inclinaison. Le charbon était emporté dans des sacs. Pendant longtemps cette extraction suffit à la consommation de la contrée. Il n'y avait pas d'autres débouchés. Par la suite, la nécessité ayant rendu nos charbonniers plus industrieux, ils creusèrent des puits *ronds,* d'un diamètre de quatre pieds, dans les endroits où le grès était à découvert et garantissait contre l'éboulement du sol. Quoique les puits fussent perpendiculaires, on continua à se servir de sacs ; mais on descendit et remonta les sacs de charbon au moyen de treuils.

On les portait ensuite à dos d'âne jusqu'à Albi et Gaillac. Ce n'est qu'au dix-septième siècle que l'on employa les puits *carrés*, de la même dimension que les puits ronds, en les creusant toutefois aux endroits où il y avait très peu de terre à enlever pour arriver au rocher. Mais le commerce augmentant sans cesse, on accrut la facilité de débit de la mine en élargissant les puits, auxquels on donna la forme de carré *long*, et l'on soutint les terres au moyen de planches. Les simples treuils furent abandonnés pour des paires de roues garnies d'échelons et jointes par un essieu qui traversait l'orifice du puits. Des hommes, par leur poids, les faisaient mouvoir en montant les échelons, et le câble destiné à élever et à descendre les charges s'enroulait ou se déroulait ainsi sur l'essieu. Au lieu du sac on employa la barrique pour monter le charbon et épuiser les eaux de la mine. Malheureusement, l'ignorance où se trouvaient les explorateurs les forçait à abandonner l'exploitation du filon au moindre obstacle, dès qu'ils rencontraient, par exemple, des étranglements de veines.

A l'époque la plus ancienne à laquelle permettent de remonter les renseignements certains sur le rendement de la mine, l'extraction était de 1.300 à 2.000 quintaux de houille par an. Quand le commerce se fut étendu à Albi et Gaillac, on extrayait 20.000 quintaux. L'État voyant que les mines pouvaient lui devenir une ressource précieuse, rendit en 1744 une loi, d'après laquelle aucun particulier ne pouvait les exploiter sans en avoir obtenu l'autorisation de M. l'Intendant. C'est à la suite et en exécution de cette loi qu'un M. de Solages obtint, en 1752, la concession des mines de Carmaux. Il avait acquis en Flandre et dans le pays de Liège des connaissances très sérieuses pour le travail des mines. Il élargit l'exploitation en pratiquant des fosses de six pieds de largeur, en ne s'arrêtant plus aux veines superficielles, et en allant chercher à des profondeurs de 120 à 130 mètres les belles veines que l'on exploite encore aujourd'hui. Ces fosses furent revêtues de madriers de 6 à 7 pouces d'équarrissage, garnis par derrière d'une couche de ciment d'un pied d'épaisseur pour empêcher la filtration des eaux que laissent passer les bancs de sable traversés. On monta une machine dite à molette, mue par des chevaux et élevant le charbon de 100 à 150 mètres de profondeur, dans deux grandes barriques dont l'une descend pendant que l'autre monte. M. de Solages ne fit percer que neuf fosses nouvelles et l'extraction fut de 30.000 quintaux par an, jusqu'à la Révolution.

En 1826, la mine arriva à donner un revenu de

84.467 fr. 29, avec 164.700 hectolitres de charbon extrait; en 1834, un revenu de 100.351 fr. 48, avec 205.500 hectolitres; en 1849, le revenu était de 201.293 fr. 60; en 1851, de 371.211 fr. 31; en 1855, de 551.237 fr. 30. C'était l'époque où le commerce du charbon s'étendait par le développement des routes, la création des chemins de fer et les inventions de la fabrication à la houille.

Le 7 mars 1856, une société en commandite fut formée par les concessionnaires de Carmaux, pour l'exploitation simultanée de la houille, du chemin de fer de Carmaux à Albi (concédé le 4 mars 1854), de la forge des Avalats et d'autres immeubles dépendant de l'entreprise. Le 16 septembre de la même année, cette société fit une demande tendant à obtenir l'autorisation de se constituer en société anonyme. L'ensemble de ces entreprises donnait à ce moment-là un produit annuel de 650 à 700.000 francs. L'autorisation fut accordée, et la société nouvelle, connue communément sous le nom de Maniel père, entra en possession de l'affaire le 5 juin 1856, avec un capital nominal fixé à 17.400.000 francs, représenté par 116.000 actions de 150 francs chacune.

C'était donc le chevalier de Solages qui, en 1752, avait implanté l'industrie minière dans le pays, en y apportant tous les procédés d'extraction que la Belgique mettait en pratique. C'était le chevalier de Solages qui devait aussi y créer l'industrie de la métallurgie et du verre, en traitant à la houille, à Saint-Juéry, les minerais que les Pyrénées-Orientales traitaient au charbon de bois,et en faisant dans le village de Blaye des *campagnes* (1) de fours, où il fabriquait de 200 à 250.000 bouteilles par an. Il construisait un four et il le faisait servir jusqu'à *usure* complète ; puis, la *campagne* étant terminée, il attendait que la production fût épuisée pour recommencer une nouvelle *campagne*. Cet usage se perpétua dans la famille de Solages jusqu'en 1856, époque à laquelle M. Rességuier entra en scène.

La riche région vinicole qui entoure Carmaux et se continue vers Toulouse et Gaillac était extrêmement favorable à l'industrie du verre. Pour la petite quantité de bouteilles fabriquées alors, l'écoulement se faisait très facilement. On comprend que plus tard, l'écoulement se faisant jusqu'à Bordeaux et jusque dans le Gard, l'usine devait être augmentée dans des proportions considérables. La situation était donc merveil-

(1) On appelle *campagne* d'un four le temps pendant lequel il peut être employé. Ce temps écoulé, lorsque les silices qui entrent dans sa construction commencent à être attaqués par les alcalins de la matière fusible, on dit que le four est *usé*.

leuse, et jusqu'à ce jour Carmaux lui doit sa richesse et un succès que n'était venu combattre aucune concurrence.

Le véritable créateur de l'industrie verrière dans le pays Carmausin est M. Rességuier. La verrerie à un seul four et exploité par *campagnes*, que les Solages avaient bâtie se trouvait dans leur propre château, à l'endroit où s'élève aujourd'hui l'orangerie, et elle ne produisait que peu de bouteilles. Les mines de charbon intéressaient bien davantage la famille de Solages que cette verrerie, qui était d'un maigre rapport.

M. Rességuier n'était pas l'ouvrier verrier que nous a montré M. Leygues, ministre de l'Intérieur, à la tribune de la Chambre, ce n'était pas davantage ce petit employé du marquis de Solages, à qui, d'après M. Bernard Lazare, le marquis aurait concédé sa verrerie une fois les mines de Carmaux découvertes. M. Rességuier, originaire de l'Hérault, était tout simplement un marchand de bouteilles, installé à Toulouse, et qui achetait la production qui lui était nécessaire à la verrerie du Bousquet d'Orb. Ayant eu à souffrir de la concurrence que lui faisaient d'autres marchands de Toulouse qui s'approvisionnaient à Carmaux, il vint lui-même à Carmaux et y acheta toute la production. Puis, ses voyages devenant fréquents pour la surveillance de la fabrication de ses produits, il prit à ferme la verrerie, en 1856, et en construisit une autre à proximité de la gare que la Compagnie des mines venait de faire construire. C'était en 1862. M. Rességuier fit d'abord une halle et construisit successivement un, deux, trois, quatre fours dits *à pots* et à huit ouvreaux chacun. Enfin, après avoir payé les avances faites et comprenant qu'il pouvait avoir des débouchés pour une production plus considérable, il s'agrandit et construisit, en 1875, une nouvelle halle et deux autres fours à pots. Il marcha ainsi jusqu'en 1884, faisant 32 à 33.000 bouteilles *par jour*. A ce moment, les progrès de la verrerie avaient été tels qu'on ne pouvait pas se promettre de continuer longtemps la marche avec les fours à pots, il fallait recourir aux procédés nouveaux de fusion dans des fours *à cuve* ou *à bassin*, à l'aide de combustibles préalablement transformés en gaz.

Dans le four à pots, le verre en fusion se trouve dans des creusets. La nuit, le four est chauffé et les creusets remplis ; on travaille seulement la journée, jusqu'à ce que le pot soit épuisé. Dans le four à cuve ou à bassin, au contraire, tout l'intérieur du four est rempli de matières entretenues à l'état liquide par un torrent de gaz enflammé qui traverse le four. Là, jamais d'arrêt, si ce n'est l'arrêt du dimanche pour faire alterner les équipes, ou encore le grand arrêt quasi annuel, *le four mort,* nécessaire à la réparation du four qui, au bout de six, sept, huit mois, est *usé,* par suite de l'énorme température qui y est entretenue et de l'attaque de la brique réfractaire par les alcalins nécessaires comme fondants. Le four à pots n'est plus en usage que dans les verreries où se fabrique l'article pharmaceutique ou liquoriste en verre extra-blanc, ainsi que les carafes, les gobelets. Avec le four à bassin, en effet, le verre a une tendance à verdir par un séjour trop prolongé dans le bassin. Dans ces fours, la matière à fondre est enfournée, à intervalles réguliers, par quantités fixées à l'avance, dans une ouverture opposée aux ouvreaux, où les ouvriers viennent cueillir le verre. De temps à autre, d'heure en heure en général, on change la direction du courant du gaz (1); les ouvriers sont avertis par des coups répétés frappés sur une tôle, et ils se tiennent à l'écart; s'ils s'approchaient des ouvreaux à ces moments-là, ils auraient la figure brûlée par le gaz enflammé, dont le courant in-

---

(1) Ce changement a pour but d'éviter toute perte de calorique, en faisant réchauffer l'air nécessaire à la combustion du gaz, par son passage dans les tuyaux que, l'heure précédente, le gaz chaud a traversés.

terrompu un instant s'échappe par les bouches de travail.

M. Rességuier songea à demander à la forme d'une Société anonyme les moyens de faire cette transformation. Successivement sept fours à bassin furent construits et, de ce fait, la production put atteindre 80.000 bouteilles par jour. En 1891, la Société prit à ferme l'usine du Bousquet d'Orb arrêtée depuis cinq ans, où elle construisit des fours du nouveau type; ce qui lui permit d'atteindre une production totale de 100.000 bouteilles par jour. Tel est l'historique succinct de l'industrie verrière à Carmaux, qui, en moins de quarante ans, a passé de 200.000 bouteilles *par an* à 30 millions, grâce à M. Rességuier (1).

(1) Voici la note qui fut publiée par M. Rességuier, en 1884, lors de cette transformation.

VERRERIES DE CARMAUX

Société anonyme au capital de 3.700.000 francs.

Les verreries de Carmaux, créées il y a vingt ans pour la fabrication des bouteilles, sont arrivées, dans ce court intervalle de temps, à produire dix millions de bouteilles par an; à les placer sur les marchés jusque-là occupés par les Verreries de la Loire, du Nord et du Bordelais; à prendre, par conséquent, rang parmi les plus importantes de France. Mais leur prospérité ne doit point s'arrêter là; placées au centre d'une région qui consomme 60 millions de bouteilles par an, elles sont appelées à un plus grand développement. C'est dans le but de doubler le chiffre de fabrication actuel, que M. Rességuier a le projet de mettre son usine en actions, parce que sa fortune propre ne peut plus

En même temps que M. Rességuier faisait sa
société anonyme, M. Ed. de Planet, ingénieur ci-

suffire au développement si considérable de son entreprise, et que
la vitalité de l'affaire sera bien plus grande si, au lieu de reposer
uniquement sur les ressources d'un seul, elle s'appuie sur les
capitaux de plusieurs. Pour apprécier la nature de l'affaire que
l'on propose, il convient d'examiner : 1° le passé des Verreries
de Carmaux, 2° leurs ressources pour l'avenir, 3° les conditions
de production présentes et à venir.

PASSÉ DE L'USINE

L'usine de Carmaux date de 1862 ; sur un terrain, qui est à
peu près le quart de la superficie actuelle, un four fut d'abord
construit. Les bénéfices qu'il donna permirent bientôt d'en construire un second, puis, successivement, avec les autres ressources
de l'entreprise, le nombre en fut porté à quatre ; en même temps
des magasins étaient bâtis, des ateliers accessoires installés. Ainsi
outillée, l'Usine pouvait fournir six millions de bouteilles. Mais
étant donnés les débouchés ouverts, il fallait produire davantage.
Les bénéfices de l'affaire avaient été considérables ; on se décida à
les consacrer à son développement. Alors de nouveaux terrains
furent achetés, les broyages transformés, les forges et les poteries
agrandies, les moteurs à vapeur remplacés par de plus puissants,
de façon à répondre à une production de vingt millions de bouteilles, et deux nouveaux fours furent construits en même
temps que de sérieuses améliorations étaient apportées à ceux qui
existaient déjà.

Ainsi transformée et agrandie, l'Usine a nécessité une dépense
supérieure à 2 millions de francs ; les bénéfices qu'elle a donnés
en vingt ans ont seuls permis d'accomplir cette œuvre.

RESSOURCES DE L'USINE

Ce passé est une garantie de l'avenir. Car cette prospérité a
deux causes principales, inhérentes à sa situation :

1° Les facilités d'écoulement sur un marché qui consomme 60
millions de bouteilles par an, dans des conditions telles que les
concurrents ont à payer en moyenne, de 1 fr. 50 à 2 francs de
plus de transport par cent bouteilles, à cause de la distance ;

2° La facilité de s'approvisionner en bon charbon, dans des

vil, vice-président de la Chambre de commerce de Toulouse, recevait mission de présenter un rapport sur les verreries de Carmaux.

conditions avantageuses ; en effet, les mines de Carmaux, avec leur gisement exceptionnellement riche, se trouvent au centre d'une région privée de toute grande industrie ; elles n'ont pas de débouchés faciles pour cette qualité de combustible que les grandes usines et tout particulièrement les verreries peuvent employer avec avantage. L'administration des mines, avec son expérience éprouvée des affaires, l'a si bien compris, qu'elle a toujours prêté son puissant appui aux verreries de Carmaux, parce qu'elle savait qu'à leur développement était attaché un sérieux intérêt, et c'est dans ce même but que, dernièrement, pour favoriser encore les projets de M. Rességuier, remaniant ses traités avec lui, la Société s'engageait à lui livrer jusqu'à concurrence de 32,000 *tonnes de charbon par an, pendant douze années, à des prix variant entre 9 fr. 50 et 11 francs avec une moyenne de 10 fr. 50 rendu à l'Usine, en même temps qu'elle s'interdisait le droit, dans le département du Tarn et les départements limitrophes, de livrer le combustible à des industries similaires à moins de 2 fr. 50 plus cher pris sur le carreau des mines.*

Pour apprécier les avantages de cette situation, au point de vue qui nous intéresse, il suffit de remarquer que les verreries concurrentes de la Loire et du Nord paient des charbons moins bons (la supériorité des gisements de Carmaux est incontestée) à des prix plus élevés.

CONDITIONS DE PRODUCTION

Or, pour réaliser ce projet de production double, il suffit, tous les ateliers nécessaires étant déjà disposés, de transformer les fours actuels à chauffe directe en fours à gaz d'un rendement plus considérable et de construire deux nouveaux fours à travail continu. Alors, eu égard aux avantages d'une grande production, à l'économie de combustible qui résulte de ce système de fours, à la diminution de dépenses qui résulte de la substitution, par des procédés particuliers, opérée déjà depuis plusieurs mois, du sel marin au sulfate de soude, le coût des bouteilles ne dé-

Il s'agissait d'indiquer les facilités de transport et les avantages de Carmaux sur les usines concurrentes sous ce rapport. Un double tableau, reproduit ci-après, les faisait ressortir.

passera pas 8 francs par cent, et comme on est sûrement à l'abri de toute concurrence en vendant les bouteilles 11 francs, on peut être certain d'un bénéfice minimum de 3 francs par cent; admettre même 2 fr. 50 pour 20 millions de bouteilles, le bénéfice net ne sera pas au-dessous de 500.000 francs. Ce chiffre est la vraie caractéristique de l'affaire.

Dans ces conditions, M. Rességuier, faisant appel aux capitaux, propose la combinaison suivante :

1° Constitution d'une Société au capital, de 3.700.000 francs par actions de 500 francs.

2° Apport de la Verrerie dans la Société pour une somme de 2.800.000 francs, savoir : 1° 2.000.000 pour la valeur matérielle des terrains, des constructions, de l'outillage, des produits finis et des approvisionnements qui [s'y trouvent ; 2° 800.000 francs pour la valeur industrielle de l'Usine et le traité de charbon.

Cette somme de 2.800.000 francs sera payée à M. Rességuier par 300.000 francs en espèces dans les délais à déterminer et 2.500.000 francs en actions.

3° Émission de 2.400 actions payables par parts successives, à des échéances à déterminer, produisant 1.200.000 francs.

Cette somme est destinée à couvrir les frais de transformation des fours anciens, de construction des fours nouveaux nécessaires pour atteindre la production de 20.000.000 de bouteilles, fournir le capital de roulement, et à payer les charges de constitution de la Société, et à servir à M. Rességuier les 300.000 francs en espèces qu'il réclame.

4° M. Rességuier, à titre de garantie, s'engage à laisser pendant trois ans dans les caisses de la Société 800.000 francs d'actions destinées à garantir un revenu de 7 % aux capitaux étrangers engagés dans l'entreprise. A l'expiration de ce temps, si le total des dividendes versés ne correspondait pas à un intérêt moyen annuel de 7 %, on réduirait le capital social par annulation d'autant d'actions qu'il serait nécessaire pour là

VILLES, DÉPOT.	Consommation. Nombre de bouteilles.	Transport de Carmaux par 1.000 kil.		Transport de la Loire.		Transport du Nord.	
Carmaux, Castres, Revel	200.000	8	50	38	54	..	..
Bordeaux..................	40.000.000	15	»	38	04	22	55
Cognac....................	12.000.000	27	50	47	50	11	25
Libourne	1.000.000	18	70	38	04	17	05
Eaux-Bonnes...............		32	»	60	75	..	..
Capvern...................	1.500.000	26	70	47	50	..	..
Saint-Girons, Aulus		18	45	44	65	..	..
Limoux, Alet		15	15	42	05	..	..
Toulouse.	1.500.000	8	50	33	50	..	..
Agen.....................	300.000	14	40	37	04	..	..
Montauban	100.000	11	55	33	50	..	..
Tarbes	100.000	30	45	54	60	..	..
Bayonne et Dax	100.000	44	50	59	95	..	..
Carcassonne................	300.000	11	25	31	51	..	..
Béziers....................	250.000	17	»	26	21	..	..
Narbonne..................	250.000	16	05	28	11	..	..
Perpignan et Rivesaltes......	200.000	25	»	37	06	..	..
Cerbère, Espagne	500.000	25	»	37	06	..	..
Cette, Afrique	500.000	17	»	28	10	..	..
Cahors....................	200.000	22	90	37	04	..	..
Villeneuve-sur-Lot	100.000	18	50	37	04	..	..
Périgueux.................	100.000	19	80	37	04	..	..
Rodez....................	100.000	21	60	37	»	..	..
Tulle.....................	50.000	22	80	38	54	..	..
Decazeville	50.000	16	30	32	14	..	..
Brive, Bergerac	100.000	19	20	37	04	..	..
Albi......................	50.000	4	»	30	04	..	..
Condom...................	100.000	23	05	45	29	..	..
La Réole, Langon, Cadillac ..	600.000	15	»	38	04	..	..
Figeac....................	50.000	15	»	29	54	..	..

VILLES, DÉPOT.	Avantages de Carmaux sur la Loire.	Avantages de Carmaux sur le Nord.	Différence par 100 bouteilles sur la Loire.	Différence par 100 bouteilles sur le Nord.
Carmaux, Castres, Revel	30 04	.. ..	2 15	.. ..
Bordeaux.....................	23 04	22 55	1 72	1 70
Cognac.......................	20 »	11 25	1 50	0 85
Libourne	19 34	17 05	1 45	1 25
Eaux-Bonnes.................	28 75	.. ..	1 90	.. ..
Capvern......................	20 80	.. ..	1 55	.. ..
Saint-Girons, Aulus	26 20	.. ..	1 95	.. ..
Limoux, Alet	26 90	.. ..	2 »	.. ..
Toulouse	25 »	.. ..	1 87	.. ..
Agen.........................	22 64	.. ..	1 70	.. ..
Montauban	21 35	.. ..	1 65	.. ..
Tarbes	24 15	.. ..	1 80	.. ..
Bayonne et Dax..............	15 35	.. ..	1 15	.. ..
Carcassonne	20 26	.. ..	1 50	.. ..
Béziers	9 21	.. ..	0 70	.. ..
Narbonne....................	12 06	.. ..	0 90	.. ..
Perpignan et Rivesalles......	12 06	.. ..	0 90	.. ..
Cerbère, Espagne............	12 06	.. ..	0 90	.. ..
Cette, Afrique	11 10	.. ..	0 90	.. ..
Cahors	14 14	.. ..	1 05	.. ..
Villeneuve-sur-Lot	18 54	.. ..	1 40	.. ..
Périgueux	17 21	.. ..	1 30	.. ..
Rodez.......................	16 40	.. ..	1 23	.. ..
Tulle.......................	15 74	.. ..	1 18	.. ..
Decazeville	15 84	.. ..	1 18	.. ..
Brive, Bergerac.............	17 24	.. ..	1 90	.. ..
Albi........................	26 04	.. ..	1 95	.. ..
Condom......................	22 24	.. ..	1 65	.. ..
La Réole, Langon, Cadillac...	23 01	.. ..	1 72	.. ..
Figeac......................	14 54	.. ..	1 09	.. ..

De ce tableau statistique dressé avec une rigoureuse exactitude, écrit M. de Planet, il résulte
que, dans le rayon d'action de l'usine, il se consomme annuellement 60 millions de bouteilles
et que les tarifs de transports, eu égard à la différence des distances des verreries du Nord et de
la Loire, établissent en faveur de ses produits un
avantage de 1 fr. 50 à 2 francs par cent de bouteilles.

Dans ces conditions dont l'importance ne saurait échapper à personne, et comme les produits
de Carmaux sont universellement appréciés, l'é-
coulement de 20 millions de bouteilles ne peut
manquer d'être assuré ; il est d'autant plus certain, que les concurrents ne vendent aujourd'hui,
le plus souvent, que là où, par suite de sa production restreinte, Carmaux veut bien leur laisser
une place libre sur le marché. »

ramener à ce chiffre. Il est bon de remarquer que l'intérêt de
7 % sera garanti par la seule production annuelle pendant tout
le temps qu'il faudra pour édifier les nouvelles constructions.

M. Rességuier, du reste, tient cette clause de garantie comme
de nulle charge pour lui. En effet, les prévisions sont pour un
revenu net minimum de 500.000 francs à partager entre toutes
les actions, soit 12 à 14 %.

P. S.—Nous devons observer qu'en adoptant le chauffage au gaz
on ne dépensera pas plus d'un kilog. de charbon par bouteille, ce
qui est déjà supérieur de un quart à la consommation de ces fours
en Angleterre et en Allemagne ; on aura donc, avec 32.000 tonnes
de charbon par année, une production de 32 millions de bouteilles.

M. de Planet aborde ensuite la question du prix de revient : ici encore, « il fait appel à l'éloquence des chiffres » pour mettre en pleine lumière la modicité du prix de revient.

Le coût des bouteilles, avait déjà dit M. Rességuier, ne dépassera pas 8 francs par 100 ; et comme on est sûrement à l'abri de toute concurrence en vendant les bouteilles 11 francs, on peut être certain d'un bénéfice minimum de 3 francs par 100 ; admettre même 2 fr. 50 : pour 20 millions de bouteilles, le bénéfice net ne sera pas au-dessous de 500.000 francs ».

Les calculs de l'ingénieur vont démontrer l'exactitude du prix de revient que M. Rességuier indique et qui doit donner à l'usine de Carmaux un bénéfice minimum de 500.000 francs.

Le prix de revient maximum de cent bouteilles pour l'année 1882, écrit M. de Planet, est ressorti à 9,90 par cent bouteilles pour une fabrication de dix millions de ces bouteilles. Mais avec une production double et les améliorations apportées à l'usine, quatre causes principales de diminution vont intervenir :

1° *Diminution sur le combustible*. En transformant les fours actuels en fours plus grands et en adoptant le chauffage au gaz avec du charbon à 10 fr. 50 la tonne, on ne dépensera pas plus de 100 kilos par cent de bouteilles ; la dépense

descendra de 2 fr. 37 à 1 fr. 65 par cent de bouteilles. D'où économie de 1 fr. 32.

2° *Diminution sur le personnel des fours et
sur le personnel auxiliaire*. Les fours étant plus
grands et consommant moins de charbon, il est
facile de comprendre que le personnel de fonte
coûtera moins cher; d'un autre côté, la production croissant, le personnel des ateliers et les manœuvres incomplètement occupés jusqu'ici ren-
dront davantage et grèveront d'autant moins le
prix de revient. Il y a donc, de ce chef, une
économie de 0 fr. 422 par cent de bouteilles.

3° *Diminution sur les fondants*. On est par-
venu à substituer dans l'usine au sulfate de soude
riche employé dans la composition du verre, une
partie de sel marin. Cette substitution est particulièrement avantageuse à cause de la proximité
de la mer et d'un tarif spécial très bas pour le
transport des sels. Elle fait tomber le prix du
fondant de 8 fr. 20 à 6 fr., et réalise ainsi une
économie de 0 fr. 20 par cent bouteilles.

4° *Diminution sur les frais généraux*. Enfin,
les frais généraux, qui entrent aujourd'hui pour
1 fr. 09 dans la composition du prix de revient
de cent bouteilles, doivent, par le fait de la production double, tomber à 0 fr. 75, car l'entretien des machines et de l'usine, les frais de l'administration, etc., resteront à peu près les mêmes;

et quant à l'entretien des fours, les frais n'augmenteront dans aucun cas proportionnellement à la production par suite de leur plus grand rendement. Il y aura donc là encore une économie de 0 fr. 34 par cent de bouteilles.

Ces économies partielles réunies représentent une diminution de 2 fr. 28 sur le prix actuel, qui est de 9 fr. 90 ; il s'ensuit que le prix de revient futur par cent bouteilles sera de 7 fr. 62. Mais majorons ce chiffre et portons-le à 8 francs ; la marge relative aux bénéfices restera encore bien large, ainsi qu'on va le voir.

En effet, pendant l'année 1882, les bouteilles ont été vendues à 13 francs le cent, ce qui établit un écart de 3 fr. 10 entre le prix de revient et le prix de vente.

L'usine de Carmaux aurait donc, en 1882, sur la vente de dix millions de bouteilles, réalisé un bénéfice de 310.000 francs.

Mais une production double permet d'admettre, sans conteste, comme on vient de le voir, un prix de revient de 8 francs par cent bouteilles. Il en résulte que la Société future des verreries de Carmaux serait en possession d'un moyen sûr de rester maîtresse du marché, car si au lieu de vendre le cent de bouteilles à 13 francs, elle les livrait à 11 francs seulement, elle arrêterait immédiatement la vente des verreries concurrentes, tout en

réalisant un bénéfice de 3 francs par cent bouteilles, ce qui revient à dire que, sur vingt millions
de bouteilles, le bénéfice atteindrait le chiffre
de 600.000 francs.

Quand les verreries de Carmaux auront été,
par l'application des procédés modernes de chauffage au gaz et la transformation de leurs fours,
mises sur un pied d'égalité avec les verreries de
la Loire et du Nord, à la concurrence desquelles
les frais de transport et la cherté du charbon
opposent, au profit de Carmaux, une barrière
infranchissable, Carmaux aura, en quelque sorte,
le monopole de la vente sur un vaste marché et,
alors, l'intérêt des capitaux engagés dans l'entreprise pourra, s'il ne le dépasse pas, atteindre le
taux de 12 à 14 %, résultat irréfutablement démontré par les données exactement exposées
dans cette étude.

Cette question des tarifs a été très vivement
discutée. Il importe d'indiquer ceci. Toute compagnie de chemin de fer tâche, tout d'abord, de
favoriser les grandes industries qui sont sur son
réseau. Carmaux était une des premières verreries
établies sur le réseau du Midi, et des tarifs de faveur lui furent concédés. Mais, comme ces tarifs
partent de Carmaux, que Carmaux est tête de
ligne et que aucune autre verrerie ne peut *faire
passer ses produits par Carmaux*, il s'ensuit que

la verrerie de M. Rességuier est seule à pouvoir profiter des tarifs de faveur (1).

Depuis que l'usine avait été créée sous cette forme nouvelle, les affaires de la verrerie allaient admirablement, les rapports entre patrons et ouvriers étaient peu tendus, les salaires atteignaient de plus hauts chiffres que nulle part ailleurs et M. Rességuier avait réussi à concentrer autour de lui des équipes d'élite, *quant au métier* du moins.

II. — LA POPULATION DES MINEURS ET DES VERRIERS ET L'ORGANISATION DU TRAVAIL DE LA VERRERIE.

La ville de Carmaux se ressent de son origine. Créée pour l'industrie, le long de voies tracées au cordeau et se coupant à angle droit, elle aligne dans ces rues des maisons noires et basses. Comme dans tous les centres houillers, le sol et l'air sont eux-mêmes noirs et poussiéreux. Tout y respire la tristesse et la misère. La ville compte 9.000 âmes, et il y a, en comprenant les six ou huit auberges, 131 cafés, débits de vin, cabarets

(1) J'ai laissé exprès de côté, dans toute cette étude, la verrerie du Bousquet d'Orb, fort peu importante (elle n'a que deux fours), et n'appartenant pas à la Société des verreries de Carmaux, mais louée seulement par elle pour une période de temps qui doit expirer dans une dizaine d'années.

souvent servis par des filles dont le manque de vertu sert d'enseigne à la maison.

Deux catégories d'ouvriers bien distinctes se trouvent dans le pays : les uns, paysans indigènes ou descendus de la Montagne Noire, habitués au dur et ingrat travail de la terre, aiment leur métier de mineur, moins fatigant et plus rémunérateur. Est-il du reste si terrible ce métier de mineur dans ces spacieuses et hautes galeries de Carmaux, d'où la crainte du terrible grisou est bannie et où la ventilation est tellement puissante qu'on souffre parfois de la fraîcheur apportée par ce courant d'air ininterrompu? Sans craindre ni la gelée, ni les chaleurs brûlantes de l'été, cet homme, habitué auparavant à peiner toute une journée sur la terre, ne travaille que huit heures et gagne 5 fr. 50. Aussi prend-il souvent un métayer pour cultiver son petit domaine rural abandonné, et se contente-t-il de bêcher son jardin de ville, pendant les après-midi dont la mine lui assure la liberté.

Mais quelle différence entre lui, pauvre campagnard nullement dégrossi, peu soucieux des aises de l'existence, et le citadin instruit et fier de son intelligence qu'est le verrier! Il gagne la moitié du salaire du verrier et fait toute sa subsistance d'un porc acheté à la Saint-Martin et des pommes de terre que produit son jardin, tandis que, pour

le verrier, le marché n'est pas assez bien appro-
visionné en poulets de choix, en dindes et en oies
grasses, et en primeurs.

Aussi le mineur a-t-il une admiration profonde
et une déférence absolue pour le verrier, mais à
ces sentiments ne vient se mêler aucune basse jalousie. C'est d'abord la constatation de son infériorité ; puis, le mineur n'a pas tardé à s'aperce-
voir que la verrerie donnait à sa femme, à sa fille,
ou à son garçon, d'utiles débouchés pour exercer
leur activité. Les femmes de verrier ne font rien,
à de très rares exceptions près (1), et, comme l'u-
sine a besoin de femmes pour les travaux faciles et
peu rémunérés de la vannerie, du triage et de
l'emballage des bouteilles, la femme du mineur
ou sa fille trouve là une occupation. Le fils peut
être porteur d'abord, puis devenir apprenti ou
« gamin », et suivre la filière, pour arriver au
grade de chef d'équipe ou de souffleur de bouteilles. Il n'y a donc pas d'hostilité entre la verrerie et la mine.

C'est dans ces dernières années seulement, que
l'esprit religieux a subi un mouvement dégressif
au profit de l'impiété et de l'immoralité. Toutefois
il semblerait que, depuis cinq ou six mois, il y
ait une amélioration, un retour à la pratique des

(1) Il y avait une seule femme de grand garçon employée à
l'usine.

devoirs religieux. L'assistance aux offices du dimanche est plus nombreuse. Est-ce là l'effet de cette réaction ou de ce dégoût qui se produit souvent après les excès? C'est possible. Quoi qu'il en soit, ces gens n'ont pas perdu la foi, bien qu'elle ait baissé sensiblement chez eux. Ils l'ont, et ils tiennent à la conserver ; mais actuellement elle est, chez la plupart, à l'état latent. Le respect humain, qui joue ici un grand rôle, lui a créé cette pénible condition. Nous verrons par quelle circonstance l'ouvrier verrier à Carmaux est devenu généralement mauvais. Ce sont des ouvriers verriers venus du dehors qui ont importé les idées d'impiété et de révolte et provoqué les désordres de ces dernières années. L'ouvrier mineur, originaire du pays, timide et méfiant par nature, n'est pas assez instruit, ni assez fort de caractère, pour se bien défendre contre les lazzis des verriers, qui le trouvent trop renfermé dans son intérieur, trop puritain, et le plaisantent. Le mineur refoule alors la foi dans le fond de son cœur, sans toutefois l'abdiquer. Il veut l'enseignement religieux pour ses enfants. Les écoles des Frères et des Sœurs ne comptent pas moins de 1.000 à 1.200 élèves. Le mineur tient à faire bénir son mariage par le prêtre, il désire que sa femme fréquente l'église et que ses enfants soient baptisés. En danger, il veut recevoir les se-

cours de l'Église. S'il néglige certains devoirs religieux, c'est surtout par respect humain. Bon
nombre assistent à la messe, le dimanche et les
jours de fêtes. Quant à l'ouvrier verrier, c'est, le
plus souvent, un matérialiste et un jouisseur.
C'est lui qui a attiré à Carmaux des troupes
d'acteurs et poussé à la création des casinos.

La physionomie matérielle et morale de la
population carmausine nous étant ainsi connue
d'une manière générale, appliquons-nous à étudier l'organisation particulière de la verrerie, qui
est l'objet de notre enquête.

La verrerie Sainte-Clotilde n'est pas une usine
moderne, comparable, par exemple, à celle de
M. Deriard à Rive-de-Gier (1). Les bâtiments sont
distribués de-ci de-là, sans ordre, sans aucun
lien entre eux. De cette mauvaise distribution
proviennent de grosses pertes de temps.

On ne fait à Carmaux que des bouteilles. L'u-
sine compte sept fours, dont deux à 7 bouches,
un à 8, trois à 9, et un à 3 (ce dernier ne servant
que pour les verres vivement colorés). Sur ce
chiffre de sept fours, six au plus sont en même
temps utilisés, l'un d'eux étant toujours en répara-
ration. Les fours durent sept ou huit mois; ceux
où l'on ne fait que du verre extra-clair sont usés

____

(1) Anciennement verrerie Richarme.

au bout de quatre ou cinq mois. L'usine fait en général fondre du verre extra-clair dans un four neuf, et finit par du verre complètement noir, dès que les briques du four ont commencé à être attaquées par le mordant des fondants employés (1).

Le four est une grosse bâtisse en briques réfractaires dans laquelle, grâce à une chaleur énorme, le sable, la chaux et même des pierres, des basaltes et des cailloux, auxquels on ajoute un mélange chimique, un fondant, se vitrifient. La période pendant laquelle on répare le four, lorsqu'il est *usé*, c'est-à-dire lorsque les briques sont attaquées par les matières alcalines qui servent de fondant, cette période, qui prive le verrier de son travail, s'appelle *le four mort*. Elle est d'environ un mois chaque année. Un four contient en moyenne 13.000 k. de matière servant à la composition du verre et que l'on nomme la matière première.

Le four a plusieurs bouches, par où se puise le verre (2). Chaque bouche ou, comme on dit,

(1) A Marseille, où on se sert de sables submergés par la mer, on n'a pour ainsi dire pas besoin d'employer de fondants, et les fours durent parfois jusqu'à quinze mois.

(2) A Saint-Étienne, Saint-Romain, Rive-de-Gier, les fours sont à bien plus grand nombre de bouches, et par conséquent de *places* de souffleur, qu'à Carmaux. Les fours de la verrerie Richarme ont 14 places. On a grand avantage à donner le plus grand nombre de

chaque *ouvreau*, est muni d'un *flotteur*, ou vase en terre réfractaire, qui navigue sur la matière en fusion, et se trouve disposé de façon que cette matière y pénètre. C'est dans le *flotteur* que le *gamin*, un des servants du souffleur, prend avec la *canne* le verre nécessaire à la confection d'une bouteille. Cette *cueillette* opérée, il pose au-dessus d'un baquet la canne qu'il asperge d'eau froide pour pouvoir la tenir pendant qu'il la tourne entre ses mains, ce qu'il fait afin de conserver la forme arrondie de la bulle qu'il a cueillie et d'en refroidir légèrement la partie extérieure. Le rôle du gamin se borne à *cueillir* dans le *flotteur* la quantité voulue de verre en fusion pour une bouteille et à refroidir la *canne* à l'aide d'aspersions.

Le *grand garçon*, un autre servant du souffleur, prend alors la canne et, après avoir tassé la bulle de verre, il souffle cette dernière pour lui donner une première forme ; il fait ce qu'en terme du métier on nomme la *paraison*.

Le *souffleur* enfin prend la bulle ainsi dégrossie et la place dans *le moule* à bouteille contre les parois duquel le *porteur* a glissé deux *pailles*, c'est-à-dire deux petites lamelles de bois extrêmement minces. D'un coup de pied sur la

bouches à chaque four, car le personnel *accessoire*, qui ne fait pas la bouteille mais la manipule ensuite, est à peu près le même pour un four à 14 places que pour un four à 9 places.

pédale gauche, le *souffleur* ferme le moule et en soufflant pendant trente secondes il fait tourner la canne dans ses doigts. Ce mouvement giratoire imprimé à la bouteille est favorisé par le brûlage des pailles, qui évite tout contact du verre en fusion avec les parois du moule. Le souffleur presse ensuite sur la *pédale droite* du moule et forme ainsi le fond de la bouteille, appelé *piqûre* ou *boudine* en terme de métier.

Son moule étant ensuite ouvert, il porte la bouteille, toujours adhérente à la *canne,* sur le *cachet* ou pierre réfractaire munie d'une lame de fer; il tape d'un coup sec sur cette lame le goulot de la bouteille qui se détache de la canne. Il prend alors la bouteille par le fond avec le *sabot,* sorte de pince à quatre branches; il la porte devant la bouche du four et verse sur le goulot un filet de verre en fusion, qu'il prend dans le flotteur avec une baguette longue de 1 mètre 50 et appelée *cordeline.* Ce filet de verre ajouté au goulot va servir à faire la *bague,* l'orifice de la bouteille. Pour cela, le verrier tenant toujours la bouteille dans le *sabot,* s'assied à son *banc,* pose le *sabot* sur les bras du *banc,* passe un *fer* dans le goulot de la bouteille et en tournant façonne la bague. La bouteille est finie. Le souffleur remet alors sabot et bouteille au *porteur.* Depuis la cueillette du verre en fusion par le *gamin* dans le *flotteur* jusqu'à la remise de la bouteille finie au *porteur*, il s'est écoulé trois quarts de minute au maximum.

Le système que nous avons décrit pour la formation de la *bague* s'appelle le système à la française, tel qu'on le pratique à Bordeaux par exemple et dans une partie de l'usine de Carmaux. Il a un certain avantage parce que les arêtes de la bague étant vives, on peut plus facilement ficeler les bouchons que l'on adapte à ces bouteilles. Les bouteilles de limonade gazeuse, de cidre mousseux doivent être fabriquées de préférence avec ce procédé. Il en est tout autrement pour les bouteilles d'eaux minérales qui doivent être « capsulées ». Pour celles-là, au contraire, le système à *l'allemande*, ou à *la prussienne*, doit être préféré. Et c'est pour cela que Rive-de-Gier, Saint-Romain le Puy, Saint-Galmier, toutes les verreries du massif central qui fabriquent surtout pour les sources d'eaux minérales, l'emploient de préférence. Dans ce système la bague n'est pas ajoutée, elle est formée par le refoulement du goulot chauffé à blanc et *imprimée* avec le *fer à embouchure*. Les arêtes sont beaucoup plus planes et plus régulières. De plus, dans ce système, le *grand garçon* fait la *paraison* sur un bloc de fonte, ce qui donne au verre un poli plus parfait. Le système à la française a cet inconvénient que

2.

le souffleur est obligé de verser son verre en fusion pour faire la bague, à une certaine distance, à la distance de sa *cordeline*, car ce travail, comme nous l'avons dit, se fait à la bouche même du four. Il lui faut donc une très bonne vue, et souvent sa vue s'affaiblit à cette lumière éclatante. On voit parfois des *souffleurs* obligés de redevenir *grands garçons*, à cause de l'affaiblissement de leur vue qui les empêche de placer exactement la bague.

La bouteille terminée, le porteur va en courant la porter au *four à recuire*, où elle est disposée par un *arrangeur* sur des plates-formes en tôle, dites *ferasses*, que l'on fait glisser lentement dans le four à l'aide d'un treuil. Les *fours à recuire*, que l'on devrait plutôt nommer des fours à décuire, ont une longueur de 23 mètres sur 1 mètre 50 de large. Exposées d'abord à un feu très vif, les bouteilles apportées, qui sont encore à l'état incandescent, glissent peu à peu par l'effet du treuil loin du foyer et se rapprochent ainsi par degrés de la température extérieure. La *recuisson*, cette opération qui a pour objet de faire passer graduellement la bouteille d'une température à une autre, dure huit heures! Si on n'usait pas de ces ménagements, la bouteille craquerait, par un refroidissement trop brusque.

Après la cuisson, des femmes, dites *ferassières*,

procèdent à l'attribution des bouteilles à chaque équipe. Cette opération s'effectue grâce à la marque à la craie faite par le porteur de chaque équipe, au moment où la bouteille lui est remise par le souffleur pour la porter au four. Les bouteilles, ainsi réparties dans des cages en claire-voie, sont portées par les *rouleurs* sous les hangars, où les *receveurs* procèdent au tri, qui consiste à *rebuter* ou à accepter les bouteilles. Cette opération est très importante, puisque d'elle dépend le salaire du verrier, salaire qui n'est connu de l'intéressé que douze heures après sa journée. Ausi est-elle confiée à d'anciens ouvriers verriers, dignes de toute confiance.

III. — LE SYNDICAT DES OUVRIERS VERRIERS.

Si l'on veut sérieusement apprécier la grève de Carmaux, ses causes, ses origines et ses phases, il est nécessaire de s'inquiéter tout d'abord de la composition du syndicat des ouvriers verriers, de ses idées et de ses rapports avec la Direction de l'usine.

L'histoire du syndicat de Carmaux est courte, mais intéressante.

En 1883 se forma le premier syndicat parmi les verriers de Carmaux. Son existence fut des plus éphémères, et le patron eut vite raison de cet essai d'une organisation que la loi ne reconnaissait pas encore. Les Carmausins étaient, du reste, en ce temps-là des gens fort tranquilles, que la grande lutte entre le patronat et le salariat intéressait médiocrement; nous avons dit plus haut la satisfaction qu'ils avaient de leurs salaires et leurs bons rapports avec le patron. Il fallut que M. Rességuier eût la funeste idée d'aller recruter ailleurs les éléments de désordre qui manquaient à Carmaux, pour que Carmaux devînt la citadelle du socialisme révolutionnaire.

En 1887, une grève ayant éclaté à Montluçon, M. Rességuier en profita pour embaucher là d'excellents ouvriers. Les Montluçonnais ont la réputation d'être de très habiles verriers. Malheureusement pour le Directeur de Carmaux, ils ne s'en tiennent pas à ce mérite et ils sont aussi justement renommés pour être d'habiles propagandistes de l'idée révolutionnaire. Dans toutes les grèves de verriers, on rencontrera toujours des Montluçonnais, parmi les meneurs les plus intelligents et les plus exaltés. De ce point M. Rességuier ne s'inquiéta pas tout d'abord. Il ne s'inquiéta pas davantage du dépit qu'il causait aux patrons de Montluçon, en leur enlevant leurs meilleurs ouvriers; mais pour les décider à venir chez lui, il fut obligé de les payer plus cher. Et c'est de là que provient, pour la plus grande part, la majoration des salaires de Carmaux.

Dès 1888, les Montluçonnais embauchés à Carmaux s'essayèrent à former un syndicat. Un four était entièrement desservi par des Montluçonnais qui, naturellement étaient syndiqués pour la plupart. M. Rességuier arrêta ce four et renvoya une soixantaine d'ouvriers, sans vouloir cependant avouer que l'arrêt de ce four n'était motivé que par son désir de briser le syndicat. En effet, syndiqués et non syndiqués furent victimes de la même mesure ; mais à ces derniers on donna l'argent du voyage et une somme suffisante pour vivre quelque temps loin de la verrerie ; l'effervescence passée, ils devaient venir reprendre leurs postes. Un des plus emballés parmi les meneurs était Aucouturier. Comme il ne se trouvait point parmi les équipes du four dont on avait licencié le personnel, la direction profita de ce qu'il allait faire ses vingt-huit jours pour lui faire entendre qu'à son retour le four serait *usé* et que ce n'était pas la peine qu'il revînt. Aucouturier répondit qu'il voyait parfaitement à quels mobiles obéissait M. Rességuier ; il voulait briser le syndicat ; mais *c'était déjà chose faite*, le syndicat n'existait plus. « Eh bien, s'il en est ainsi n'en parlons plus, répondit M. Rességuier, serrez-moi la main. » Et en effet, après quelque temps passé à Bordeaux, Aucouturier revint à Carmaux et put reprendre sa place à l'usine.

Enfin, la troisième tentative de création syndicale eut lieu en 1890. — Un acte de solidarité fut secrètement signé par les verriers, dont les convictions socialistes n'étaient pas douteuses, et l'on décida que cette nouvelle constitution ne serait divulguée, que lorsqu'elle aurait récolté les signatures d'un grand nombre de verriers. Mais M. Rességuier fut mis au courant de ces conciliabules, et il résolut, usant du procédé dont il s'était déjà servi en 1888, de licencier le personnel de tout un four, le four n° 5, où se trouvaient réunis, comme par hasard, les ouvriers les plus turbulents de la verrerie. Cependant, avant de prendre cette mesure, il donna 50 francs à un ouvrier pour faire boire ses camarades et tâcher de les dissuader de former un syndicat. Peine perdue. Il licencia alors le four et fit appeler l'un après l'autre tous les ouvriers qui y étaient occupés. Seul, Aucouturier ne répond pas à l'appel de M. Rességuier. Il était monté ce jour-là à Saint-Benoît, petit village de la banlieue de Carmaux. En rentrant le soir, assez tard, il trouva devant la porte de l'usine le chef de fabrication, M. Boubal, qui l'informa que M. Rességuier l'avait fait réclamer et qu'il l'attendait dans son bureau, avec son gendre, M. Moffre, directeur en titre de la Verrerie. « Le personnel se conduit très mal à mon endroit, lui dit M. Rességuier ; puis il fait

de mauvais travail et la production ne s'écoule
pas. » Aucouturier défendit ses camarades et
l'idée syndicale : « Que craint donc M. Rességuier
d'un syndicat qui n'est créé que pour réclamer
l'unification des salaires? A Carmaux, les salaires
sont plus élevés que partout ailleurs. Ce relève-
ment des salaires ne doit donc pas nuire à
Carmaux, mais au contraire lui être profitable,
puisqu'il est nuisible aux usines concurrentes. »
M. Rességuier se contenta de répondre : « Si tel
est réellement votre but, revenez demain avec
plusieurs de vos camarades. Nous nous enten-
drons. »

Aucouturier réunit une cinquantaine de verriers qui firent choix d'une délégation. M. Rességuier dit à cette délégation qu'il s'était opposé
à la création d'un syndicat, parce qu'il n'en
existait pas dans les autres verreries, mais
du moment que le syndicat n'était pas institué
contre sa direction, il n'avait aucun motif de
ne pas le tolérer et même de ne pas le favoriser. « Si vous avez besoin d'argent, ajouta-t-il,
je mets ma bourse à votre disposition, car votre
syndicat ne doit pas être bien riche. »

Et, par le fait, les ouvriers allèrent deux fois
puiser à cette bourse. Chaque fois, ils reçurent
500 francs. La première somme donnée servit à
organiser une tournée de propagande. La se-

conde fut utilisée pour la préparation de la grève générale de la verrerie en 1891, grève qui fut très utile à l'usine de Carmaux en lui permettant d'écouler un stock important de plusieurs millions de bouteilles.

Cette grève générale avait pour but d'unifier les salaires, c'est-à-dire de les hausser aux taux les plus élevés, tels que ceux qui étaient payés à Carmaux. Au Congrès corporatif de Lyon de 1891, il avait été décidé que le 6 octobre au matin une délégation présenterait au patron de chaque usine un tarif uniforme. Les considérants de cette réclamation étaient basés sur la substitution des fours à cuves, ou à bassins, aux fours à pots, d'où résultait, pour l'usine, au dire des ouvriers, une économie des *deux tiers* sur le prix de revient. Quarante-deux verreries s'arrêtèrent tout d'abord ; mais, dans le Nord, la pression des patrons fut si forte, en raison des conditions dans lesquelles se trouvaient constitués les engagements, que les ouvriers ne purent y résister et que, dans un intervalle de deux à huit jours, ils reprirent tous le travail. Ils étaient en effet logés à l'usine et avaient des contrats signés et des cautionnements déposés. Les grévistes de Rive-de-Gier, Montluçon, Megecoste, Saint-Galmier, Decize, Bordeaux et Carmaux tinrent bon. Mais à Carmaux la lutte entre le patronat et le salariat fut des plus courtoises, pour ne pas dire des plus familiales. Tout se bornait à de légères réclamations, faciles à accorder. On réclamait la *casse des rebuts,* c'est-à-dire que les bouteilles qu'on ne payait pas aux ouvriers pour malfaçon ne fussent pas vendues, mais cassées; on demandait encore la paye par quinzaine et enfin le chauffage, qui avait été supprimé aux nouveaux embauchés, et que les ouvriers voulaient pour tout chef de famille, ce chef de famille fût-il fils de veuve ou de parents infirmes, ou aîné d'orphelins. Tout cela était obtenu de M. Rességuier, heureux de voir cette grève bienfaisante donner à ses magasins encombrés l'occasion de se vider. Patron et syndicat tombèrent d'accord aussi pour supprimer les primes de quantités et en reverser le montant sur le salaire des fabrications les moins payées. L'un devait équivaloir à l'autre d'après M. Rességuier; mais s'il se trouvait qu'il y eût bénéfice pour le patron dans ce virement d'application des fonds, il était entendu que le bénéfice serait versé au bureau de bienfaisance (1).

______

(1) Voici l'explication de ces primes de quantités : lorsqu'une équipe produisait 600 bouteilles, — *cognac* ou *bordelaises,* — (et pour arriver à ce chiffre, vu le nombre considérable de pièces que l'on rebutait alors, il fallait en produire près de 700), une prime était donnée à l'équipe. Cette prime de 5 francs était par-

La grève générale se termina donc à Carmaux, comme elle avait commencé..., en famille.

Mais on voit assez que cette entente entre la direction et le syndicat n'était que de circonstance. Les intérêts se trouvaient accidentellement d'accord. L'institution syndicale, telle qu'elle était comprise par les meneurs, n'en demeurait pas moins redoutable.

Nulle part le syndicat n'est aussi puissant, nulle part son influence n'est aussi considérable que dans l'industrie verrière.

On admet généralement dans les verreries que le souffleur est chef de son équipe. Et l'on a raison. Les ouvriers sont extrêmement sévères entre eux et ils usent largement, pour ne pas dire qu'ils abusent, de l'autorité qu'on leur donne sur leurs camarades. L'équipe se compose du souffleur, du grand garçon et du gamin, et, par extension, du porteur. Mais le porteur n'est qu'un serviteur peu habile et dont le travail est pour ainsi dire machinal : prendre les cannes encore chaudes et attendre qu'elle se refroidissent pour enlever le verre figé à leur extrémité, porter au four à recuire, au moyen des sabots où leur fond

tagée entre le souffleur qui recevait 2 fr. 50, le grand garçon qui avait 1 fr. 50 et le gamin à qui revenait 1 franc.

s'emboîte, les bouteilles terminées et rapporter les cannes refroidies, telle est toute son occupation. Il se tient au bas de l'estrade, pendant que, sur l'estrade, près de l'ouvreau du four, *sur la place,* selon le terme de métier, travaille l'équipe proprement dite ; il n'en est que le serviteur. Et si, au moment des *pauses,* ou repos (1), on ne le faisait monter quelques instants sur l'estrade pour prendre la fonction du gamin pendant que le gamin prend celle du grand garçon et le grand garçon celle du souffleur, le porteur resterait toute sa vie porteur et pourrait être facilement remplacé par le premier enfant un peu dégourdi que l'on enrôlerait au hasard. A proprement parler, l'équipe ne se compose donc que des trois ouvriers qui se tiennent sur l'estrade, et dont la combinaison et la concordance d'efforts produit une bouteille, depuis le puisage du verre dans le bassin jusqu'au sertissage du goulot.

Or, cette équipe est solidaire. C'est à elle, prise en bloc, que le nombre des bouteilles réussies est compté, et que le nombre des rebuts est

______

(1) La journée est, en principe, de 8 heures ; mais dans ce temps sont comprises deux *pauses* de 20 minutes chacune. Pendant les *pauses,* l'ouvrier de poste inférieur, dans l'équipe, s'évertue, pour sa satisfaction personnelle, à faire le travail de l'ouvrier qui lui est immédiatement supérieur. C'est une manière d'étudier et d'exercer ses aptitudes à monter en grade.

soustrait. Sur cette somme commune chacun est payé suivant son grade, le souffleur 1 fr. 80 par cent de bouteilles, par exemple, le grand garçon 1 fr. et le gamin 0 fr. 65. Comme la moyenne de la fabrication est de 550 bouteilles par jour pour une équipe, on voit que le souffleur peut gagner dans sa journée qui est de 7 heures 20 minutes, 9 fr. 90, le grand garçon 5 fr. 50, et le gamin 3 fr. 60.

Mais si le gamin n'est pas assez rapide dans son travail, ou si le grand garçon, par sa lenteur, laisse le verre prendre trop de consistance, autant de bouteilles manquées, autant de rebuts : c'est grâce à cette solidarité que les syndicats verriers sont devenus si puissants. Là, en effet, le syndicat est, de fait, obligatoire. Que le grand garçon refuse de se syndiquer, le souffleur ira immédiatement trouver le patron et lui dira que son grand garçon est un mauvais ouvrier et qu'il ne peut continuer à travailler avec lui. Le patron n'hésitera pas à donner satisfaction au souffleur; il sait que s'il s'obstinait à lui refuser cette satisfaction, le travail de l'équipe s'en ressentirait; il n'essaiera même pas de placer le garçon ailleurs, pas plus que le garçon lui-même n'hésitera à s'en aller. Il ne trouverait pas un seul souffleur dans l'usine qui voulût l'employer. Le grand garçon quittera donc le pays, croyant qu'ailleurs les tyrannies syndicales n'existent pas ou que du moins elles lui feront grâce. C'est une erreur qu'il ne tardera pas à perdre, et, de guerre lasse, *il se syndiquera*. C'est ainsi que l'on peut expliquer que, sur 12.000 verriers en France, il y a 10.000 syndiqués. Et encore les 2.000 qui ne sont pas syndiqués le sont-ils peut-être secrètement pour la plupart; ou bien ce sont parfois des « renégats » indignes de pénétrer dans un syndicat, ou encore des étrangers, des Allemands, ou des Italiens, comme ceux qu'emploie l'usine Richarme, à Rive-de-Gier.

D'autre part, il existe une certaine tolérance dans la discipline des verreries. Le verrier s'absente facilement et ne doit compte à personne de ces absences; il ne vient à son travail que lorsqu'il y est disposé, son absence n'étant pas préjudiciable à la bonne marche de l'usine. Il y a toujours, dans les équipes, des ouvriers tout prêts à remplacer les manquants. Or, le syndicat a profité de cette discipline large de l'usine pour tâcher d'y opposer la sienne. La direction que le patron semblait abandonner à l'initiative de ses chefs d'équipe, le syndicat a tenté de l'accaparer. Ce ne fut plus alors la vigilance intéressée du chef d'équipe qui s'exerça sur le travail de l'usine, mais le despotisme jaloux de la chambre syndicale.

Autre cause de l'influence prise par le syndicat : l'ouvrier verrier, qui ne travaille effectivement que 7 h. 20 par jour, a beaucoup de temps libre, qu'il emploie au café, à parler politique et à lire les journaux les plus révolutionnaires. Il n'est pas comme le mineur de Carmaux qui a sa maisonnette et un enclos où il fait du jardinage. Le verrier est un citadin, habitant en général près de l'usine, parce qu'un long trajet pendant les froides nuits d'hiver n'aurait rien d'attrayant, ni de propice à la santé. Il est rare de rencontrer un verrier propriétaire de la maison qu'il occupe. Il n'est pas « chez lui », il loge « en appartement ». Et sa seule, son unique distraction, pourrait-on dire, est le café. On comprend que des ouvriers de ce genre font de merveilleux politiciens, discutant sur tout et à tout propos, s'exerçant à la parole et en abusant. Ajoutons à cela que le verrier est forcé, à cause de la chaleur brûlante de la bouche du four près de laquelle il travaille, de beaucoup boire et de relever ou de remplacer l'eau (qui du reste est très mauvaise à Carmaux) par de l'alcool, du pippermint et du café. Et puis, comme sa profession, qui n'exige pas un travail musculaire énorme, nécessite en revanche un travail fatigant, énervant, exaspérant par sa rapidité, il se trouve que le verrier quitte sa *place* avec le seul désir de rester assis à une table de café, pour boire et discourir. Quelquefois il ira bien à la pêche à la ligne, mais les longues promenades l'effraient. *Rester tranquille* est tout son désir, *boire* est un besoin, *discuter* un plaisir. Ne croyez pas cependant qu'il profitera de ses longs loisirs pour s'instruire; non, il est trop énervé pour faire un travail suivi. Le verrier ne connaît pas les questions qui devraient l'intéresser par-dessus toutes, les questions professionnelles; il ne se rend pas compte de la marche de l'usine, de la situation financière de son patron, ni des revendications raisonnables qu'il pourrait formuler.

Veut-on savoir quelle est la grande distraction hebdomadaire des verriers de Carmaux? Chaque dimanche, à midi, commence un repos de seize heures, en vertu d'un *roulement*, dont le but est de ne pas faire travailler toujours de nuit la même brigade. Pendant ce repos, tous les ouvriers de l'usine Sainte-Clotilde sont donc libres en même temps, et le syndicat en profite pour les assembler en réunion plénière. Ces réunions sont fréquentées par tous les verriers, qui viennent passer toute leur après-midi de chaque dimanche, quelquefois à discuter leurs intérêts professionnels, le plus souvent à parler politique. On pourrait compter ceux qui font défaut à ces bruyantes réunions, même au milieu de l'été, lorsque la verdure des grands bois voisins engagerait ces ouvriers anémiés à aller respirer l'air pur de la campagne.

C'est ainsi que le syndicat est tout-puissant, et que les verriers sont sous ce rapport très solidement constitués. Aussi les grèves qui éclatent dans les centres industriels où se trouvent des verreries ont-elles toujours été encouragées, soutenues et dirigées par les verriers. Je ne citerai pour exemple que la grève des métallurgistes de Rive-de-Gier et la grève des mineurs de Carmaux.

Le syndicat des ouvriers est, en lui-même, une institution nécessaire, dans l'état actuel du travail de la grande industrie. Le patron ne peut plus connaître et traiter, selon le besoin de chacun, ses ouvriers pris isolément, et il est omnipotent contre chacun d'eux pris en particulier : l'équilibre est rompu en sa faveur. Il faut donc que les ouvriers puissent opposer à la force patronale la force de leurs intérêts réunis et de leurs justes revendications professionnelles. Jamais, par exemple, un ouvrier isolé n'aurait obtenu à Carmaux les modifications relatives à la question des *rebuts*. Le syndicat malheureusement, quand il est organisé par des meneurs, ne se soucie pas d'être un instrument d'accord et d'entente. Les ouvriers en usent comme d'une arme, et ils s'en servent comme des enfants maladroits et turbulents, blessant le patron à tout propos, déchaînant la grève sans raison, menaçant, exigeant et refusant d'admettre l'autorité directrice de l'usine. A ce jeu, ils lassent toute bonne volonté, et les patrons répondent à ces menaces par des exécutions et par une haine farouche de l'idée syndicale. Ils n'ont, dans le cas donné, que deux partis à prendre : ou laisser entièrement méconnaître leur autorité, ou l'imposer au contraire en réduisant à néant l'autorité adverse. Dans l'atelier de verrerie, où la tolérance est grande, le syndicat a vite pris le plus grand ascendant sur les ouvriers. Il a voulu tout diriger à son gré, jusqu'au jour où le patron s'est enfin révolté et l'a brisé.

Je me rappelle le mot que me rapportait M. Martel, fondé de pouvoir de M. Deriard, à la verrerie Richarme, à Rive-de-Gier : « Les ouvriers ne cessaient de dire aux contremaîtres : Vous nous renverriez bien, si vous l'osiez; mais vous savez trop bien que, si vous le faisiez, *les outils tomberaient.* » Et M. Vinay, administrateur de la Verrerie aux verriers, l'un des plus exaltés meneurs de grèves de Rive-de-Gier, me disait au même sujet : « Nous en étions arrivés au point

que, dans l'usine, *le patron ne pouvait plus rien
et le syndicat était tout.* » Et il ajoutait cette
pénible confidence : « Avant d'être patron, je ne
savais pas que cela fût ainsi; mais maintenant
je vois bien qu'il faut une direction et de la
discipline; sans quoi une usine est perdue. »

Il faut dire que le taux des salaires, qui est
toujours la grande question, est des plus difficiles
à établir chez les ouvriers verriers, car il faut
tenir compte des époques de *four mort* et des
chômages provenant de l'usine, ou résultant des
fatigues et maladies de l'ouvrier. — Que l'on
interroge le patron, ou que l'on interroge les
ouvriers, on obtient des résultats entièrement
différents. Et encore faut-il mettre en balance,
pour l'établissement de ce taux de salaires, l'é-
poque de l'année à laquelle on se trouve, car
la production est beaucoup plus active l'hiver
que l'été, où à la chaleur du four vient se joindre
la lourdeur de la température et où les indis-
positions sont plus fréquentes. Un bon souffleur,
avons-nous dit, doit faire 550 bouteilles bordelaises, c'est-à-dire en réalité 600, parce qu'il faut
déduire 6 % pour la garniture, soit 39 (1) et une

______

(1) La garniture dont il est question pour l'établissement du
nombre des pièces à compter à l'ouvrier se composait de 6 bouteilles par cent, que l'ouvrier devait laisser à l'usine. Cet abandon
provenait-il des risques de casse, plus nombreux autrefois

dizaine de rebuts. Ces 550 bordelaises lui sont payées, nous l'avons vu 1 fr. 80 le cent, soit 9 fr. 90. Voilà son salaire de la journée. Le grand garçon, comme nous le savons, étant payé 1 franc par cent bordelaises, gagnera 5 fr. 50 ; et le gamin, étant payé 0 fr. 65, gagnera 3 fr. 60. Sans doute ; mais combien le souffleur, par exemple, aura-t-il au bout de son mois, et au bout de son année? De combien sera la durée du *four mort?* Combien de jours, somme toute, travaillera-t-il par mois? Je crois que l'on peut affirmer qu'en prenant la moyenne de l'année, le verrier travaille 21 ou 22 journées par mois. Ce qui donnerait pour un bon souffleur un minimum de salaire de 200 francs par mois et de 2.400 francs par an. Du reste, comme les grévistes avaient prétendu que le souffleur le mieux payé n'avait jamais dépassé une moyenne de 180 francs par mois, M. Rességuier fit dresser un petit tableau des salaires des principaux meneurs de la grève pour les premiers mois de l'année 1895. Le voici :

qu'aujourd'hui, des boutcilles emballées dans *des cadres*, alors qu'aujourd'hui elles sont la plupart du temps emballées dans le wagon lui-même? Voulait-on par cet excédent de 6 % arriver à donner un compte à peu près exact à l'acheteur? C'est ce qui est probable. Aujourd'hui cette manière d'agir n'avait plus de raison d'être. Avec les nouveaux tarifs, après la grève dernière, la garniture a été supprimée.

Nombre de journées écoulées, 182; durée du travail, 7 h. 20.

M. *Charpentier* : 127 journées sur 182; — moyenne par journée de travail : 9 fr. 39; moyenne par mois : 198 fr. 57; — gain : 1.191 fr. 45.

M. *Louis Gund* : 142 journées; — moyenne par journée : 9 fr. 87; par mois : 233 fr. 56; — gain : 1.401 fr. 35.

M. *Aucouturier* : 133 journées; — moyenne par journée : 10 fr. 04; par mois : 222 fr. 30; — gain : 1.333 fr. 85.

M. *Louis Charrier* : 157 journées; — moyenne par journée : 9 fr. 82; par mois : 257 francs; — gain 1.542 fr. 10.

M. *Billon* : 126 journées; — moyenne par journée : 9 fr. 04; par mois : 190 francs; — gain : 1.140 fr. 05.

M. *Émile Renard* : 142 journées; — moyenne par journée : 9 fr. 30, par mois : 219 fr. 90; — gain : 1.319 fr. 40.

M. *Baudot* : 104 journées; — moyenne par journée : 8 fr. 88; par mois : 154 fr. 05; — gain : 924 fr. 35.

Outre des salaires très élevés, plus élevés que dans n'importe quelle autre usine, les verriers de Carmaux avaient une buvette, qui est un véritable économat, renfermant toutes sortes de mar-

chandises, sandales, vêtements, chemises, épi-
cerie, vendant un petit peu plus cher qu'ailleurs
certains objets, mais faisant servir tous les bénéfices au paiement du médecin et des médi-
caments, auxquels les verriers sont obligés d'avoir
souvent recours. Cette buvette fait 120.000 francs
d'affaires par an et 10.000 francs de bénéfices.
La commission de la buvette est nommée par
les ouvriers au bulletin secret, mais la présidence
est acquise au directeur de l'usine. Aucouturier me disait que les ouvriers chargés de la mission de surveillance étaient trop fatigués pour
s'en occuper utilement; mais quel autre moyen
aurait-on pour permettre au personnel de se
rendre compte de la gestion de cet économat?

Les salaires sont donc plus élevés, ou du
moins étaient plus élevés avant la grève, à Carmaux qu'ailleurs. Cette surélévation provenait en
grande partie des embauchages qu'avait faits
M. Rességuier, des meilleurs ouvriers dans tous
les centres de fabrication et surtout à Montluçon.
Comme Carmaux est un lieu industriel peu attrayant, le directeur de la verrerie avait dû faire
des sacrifices, pour y attirer ce personnel d'élite.
Mais cette surélévation n'était pourtant pas de
100.000 francs par an, comme le soutenait
M. Rességuier. Elle était d'un peu plus de 3 %
des salaires. Les salaires sont de 90.000 francs

par mois pour tout le personnel de la verrerie. La majoration au bout de l'an serait donc d'un peu plus de 36.000 francs, si on ne remarquait que cette majoration ne s'appliquait qu'aux salaires des verriers proprement dits et surtout des souffleurs, et non à tous les salaires de similaires et employés de l'usine. En indiquant 30.000 francs comme majoration, nous sommes donc bien au delà de la vérité.

On reproche aux verriers leur amour de la bonne chère, leurs achats de primeurs, et de paniers de fraises à 2 fr. 50, et de dindes, et d'oies grasses. Peut-on reprocher cela à des malheureux dont le travail dans le feu épuise l'appétit, qui, en été, lorsqu'ils prennent le travail à quatre heures du matin, n'ont pas soufflé 10 bouteilles qu'ils sont pris de vomissements de bile? S'ils n'ont rien qui excite un peu leur appétit, en changeant leur ordinaire, que mangeront-ils? Ils ne peuvent cependant pas se contenter du porc frais et des pommes de terre quotidiennes qui suffisent au mineur, fatigué par son travail, mais non écœuré.

Voici les prix des denrées courantes : les pommes de terre coûtent 90 centimes le boisseau, un paquet de trois poireaux 5 centimes, un chou 30 centimes. La volaille, de 50 à 60 centimes la livre. En 1884, on avait une paire de poulets de 5 livres pour 1 fr. 75 ; mais tout a fortement augmenté à mesure que s'accroissait l'agglomération ouvrière ; tandis qu'à Albi, où les grèves ont *perdu* l'industrie de la chapellerie, vivres et loyers ont considérablement baissé et sont aujourd'hui, malgré la différence de population et d'importance, moins élevés qu'à Carmaux. Une paire de poulets de 6 livres se vend de 3 francs à 3 fr. 50 ; une dinde de 9 livres, 5 fr. 50 ; un canard, 60 centimes la livre brute ; une oie 1 franc la livre (en général la grève des verriers avait légèrement fait baisser le prix de certaines denrées chères et avait fait tomber la livre d'oie grasse à 80 centimes). Pour la viande de boucherie, il y a une différence de 10 centimes entre les morceaux de choix et les autres. Les côtelettes coûtent 1 franc la livre ; le gigot, 1 fr. 10 ; les bons morceaux du veau, 85 ou 90 centimes ; la poitrine et les autres morceaux, 80 centimes ; la poitrine de mouton, 80 centimes également. Le beurre coûte 1 fr. 40 ou 1 fr. 50, il n'est pas fabriqué dans le pays ; le beurre fin de Bretagne se vend 1 fr. 80 ; la douzaine d'œufs, 60, 70, 80 centimes, quelquefois 1 franc ; le vin, qui valait de 25 à 28 francs l'hectolitre, a été augmenté cette année, et il se paie de 30 à 35 francs ; le droit d'entrée est de 1 fr. 25 par hectolitre.

Si nous prenons comme exemple la famille du plus fougueux membre du syndicat de résistance, Aucouturier, famille composée d'un père, verrier lui-même, de deux sœurs, du ménage et d'un enfant, nous verrons que le budget mensuel comporte 50 francs de viande de boucherie, 23 à 27 francs de pain, 30 à 32 francs de vin, 40 à 48 francs pour les diverses denrées achetées aux quatre marchés du mois. Cent trente-cinq litres de vin leur durent trente-deux ou trente-trois jours.

Mais à cela il faut ajouter les autres boissons, qui sont une grosse dépense. La proximité d'une bouche de four d'où s'échappe une chaleur insupportable, oblige à beaucoup boire. L'eau que la femme porte à son mari, *sur sa place,* est coupée de pippermint. La femme porte en général trois cruches d'eau et la dépense s'élève chaque fois à 30 centimes de cette liqueur de menthe poivrée. De plus, si le souffleur désire une tasse de café, il ne la prendra jamais à la buvette sans réclamer en même temps deux autres tasses pour son grand garçon et son gamin.

Le blanchissage est moins dispendieux : 1 fr. 50 ou 2 francs par personne et par mois, tel est le taux de l'abonnement. La famille dont je viens de parler paie un abonnement mensuel de 9 fr. 50 et doit fournir pour 25 francs environ de savon par trimestre. On peut aussi traiter *au tas,* c'est-à-dire au paquet; la blanchisseuse soulève le paquet et fait son prix : c'est 1 franc ou 1 fr. 25, s'il n'y a que pour une journée de travail. On traite peu au détail; dans ce cas, une chemise blanche se paie 10 ou 15 centimes.

Les logements sont cotés de 12 à 18 francs par mois, suivant le nombre des pièces et aussi la proximité de l'usine, ce qu'explique le désir de repos que manifestent avant tout les verriers. Tous les impôts sont à la charge des propriétaires. Le locataire paie un mois d'avance et prévient un mois avant de quitter son logement. Les logements de deux pièces se louent de 12 à 14 francs; de 3 pièces, 16 francs; de 4 pièces, 18 francs. Les verriers reçoivent une indemnité de logement de 5 francs par mois. Dans plusieurs centres de verreries, les ouvriers sont en effet logés à l'usine aux frais du patron. Le chauffage est aussi fourni par l'usine, mais le verrier doit payer le camionnage, et il lui est retenu pour cela 2 francs par mois, soit 6 francs par trimestre, car un tombereau de charbon (12 hectolitres) lui est fourni tous les trimestres. Si cette quantité ne suffit pas, il peut en réclamer et on lui fait payer 12 francs les 12 hectolitres.

Pour terminer sur cette question des syndicats et des salaires, disons que le syndicat exerce même son influence sur la *limitation* des salaires.

Il est interdit à tout ouvrier de fabriquer plus de bouteilles que le nombre indiqué par le syndicat ; et, aux congrès des verriers, on entend des discussions assez vives ‾entre les différentes usines qui se reprochent une fabrication trop intensive. Dans le congrès de 1895, nous en avons l'écho : le délégué Grandjean demande pourquoi la verrerie de Pont-de-Vivaux produit 620 bouteilles (par journée de verrier), tandis que l'usine qu'il représente n'en produit que 580. Bonnardel indique que son usine ne fait pas 500 bouteilles. Charpentier demande au congrès de voter une réduction successive et de protester contre la surproduction. Bertrand explique la manière dont le patron de Pont-de-Vivaux veut organiser le travail ; celui-ci propose à ses meilleurs ouvriers des places doubles et il promet pour le début un traitement mensuel de 250 francs ; mais une fois la chose acceptée par les ouvriers, les 250 francs ne tarderaient pas à descendre à 200 et peut-être à moins, et les verriers se trouveraient avoir le même salaire qu'aujourd'hui, tout en ayant un double travail et en privant leurs camarades de la faculté de gagner leur vie. Aussi le congrès déclare-t-il traîtres à leurs camarades et dignes du mépris de tous, ceux qui accepteraient les conditions patronales. L'intérêt du patron est de fabriquer le plus de marchandises possible, dans le même temps donné. Que le travail soit abondant ou non, son four chauffe avec la même ardeur, entraîne les mêmes frais. L'intérêt de chaque ouvrier pris individuellement serait aussi de produire le plus possible. Mais l'intérêt de *la collectivité* est de limiter la production. Le syndicat joue pour elle le rôle d'un volant modérateur. On a vu que, malgré la production réglée, à Carmaux les souffleurs trouvaient encore le moyen de gagner des journées de 9 à 10 francs. Mais arrivé à la limite marquée par le syndicat, le verrier s'arrête, car tout ce qu'il gagne à partir de ce moment doit revenir à la caisse du syndicat, et le souffleur se soucie fort peu de grossir cette caisse au profit des paresseux et des incapables de sa corporation.

Nous venons de voir l'action habituelle du syndicat. Il nous faut voir maintenant ce qui s'est passé pendant la grève.

II

PENDANT LA GRÈVE

I. — CAUSES DU CONFLIT

Depuis quelques mois, les rapports étaient des plus tendus entre la Direction de l'usine de Carmaux et les membres du Syndicat ouvrier, souvent beaux parleurs, tous convaincus que la révolution sociale allait éclater dans peu de temps, dans peu de jours peut-être, et estimant que toutes les concessions qu'on pouvait, en attendant, arracher au patron n'étaient qu'un prélèvement sur l'avenir, *autant de pris sur l'ennemi*. Le patron, c'était bien l'ennemi en vertu du principe ; mais comme, en fait, ce patron était M. Rességuier, — qui, de son bureau de Toulouse, dirigeait véritablement les usines de Carmaux et du Bousquet-d'Orb, — et que M. Rességuier avait conservé la réputation d'un bon patron, accueillant aux ouvriers et payant de bons salaires, la haine n'était pas montée jusqu'à lui. Son gendre, ancien élève de l'École polytechnique, directeur visible et en titre de l'usine à Carmaux, M. Gustave Moffre, était lui-même épargné. Dans les ordres qu'il donnait, les réprimandes qu'il adressait, les punitions qu'il infligeait, il se retranchait toujours derrière l'autorité de M. Rességuier. Mais il n'en était pas de même pour le frère de M. Moffre, le directeur, pour M. Léonce Moffre, qui, sans avoir à l'usine des fonctions bien définies, se trouvait le plus souvent en contact avec les ouvriers. En dehors de l'aversion que lui avaient vouée les ouvriers pour son métier « d'adjudant » de la verrerie, de « chien du quartier », la brutalité parfois trop vive de ses propos irraisonnés n'avait pas eu précisément pour effet de le rendre sympathique au personnel. Grand et fort, véritable hercule, très aimable au demeurant, mais très vif et très brusque, il n'hésitait pas à répondre souvent par des menaces aux menaces que lui adressaient des ouvriers pris de boisson. A un verrier qui lui disait qu'un jour il faudrait descendre ensemble dans la rue, il avait répondu qu'il y descendrait d'autant plus volontiers qu'il n'avait ni femme ni enfants, qu'il n'avait que sa peau à défendre, et qu'il viserait par conséquent beaucoup mieux. Ils ne craignaient d'ailleurs pas les ouvriers. Lui et son frère n'avaient-ils pas un jour chassé toutes les équipes d'un four sans que personne ait osé souffler mot? M. Léonce Moffre avait ainsi le tort de se placer sur le même terrain que ses ouvriers et de ne pas craindre assez de se commettre en paroles et en actes, s'imaginant impressionner son personnel par la manifestation de sa force physique. Le patron ne doit jamais, à notre avis, se mettre au niveau de ses subordonnés : ce n'est nullement par assauts de mauvais propos et par luttes corps à corps, mais par l'intelligence et par la fermeté, qu'il peut les dominer.

Le Syndicat de Carmaux, au lieu de s'occuper par-dessus tout de ses intérêts corporatifs, ne pensait guère qu'aux élections prochaines, aux vexations et aux marques d'irrespect qu'il pourrait infliger aux deux Messieurs Moffre. On eût dit qu'il s'ingéniait à chercher noise à la direction, puisqu'il n'avait rien à prétendre au sujet des salaires et des conditions du travail, les salaires étant, dans les verreries de Carmaux, plus élevés et les conditions plus favorables que nulle part ailleurs. L'esprit révolutionnaire pratiqué pour lui-même était, il faut le dire, la note essentielle et dominante de ce syndicat dont les origines remontaient à l'arrivée des ouvriers Montluçonnais, et cet esprit dictait les résolutions les plus insensées. Baudot se vantait d'empêcher tout ouvrier qui lui déplaisait de rentrer à l'usine. Il fallait, pour trouver du travail à la verrerie, recevoir l'investiture du Comité, « qui entendait mater le patron » et le réduire à merci.

Tout le monde était prêt au combat.

Mais ce qui est le plus à noter, c'est que du côté même du patron, les raisons ne manquaient pas pour désirer la grève. Si nous voulions énumérer ces raisons par ordre, d'après leur importance, nous commencerions par la question du stock de marchandises qui encombraient les magasins.

Si ce stock énorme de bouteilles, qui atteignait près de six millions de pièces, n'eût pas existé, non seulement M. Rességuier n'aurait pas désiré la grève, mais il n'aurait pas pu l'accepter d'abord et l'imposer ensuite à son personnel. Ce stock augmentait tous les ans, de ce fait que les importations de l'Amérique du Sud, qui enlevaient chaque année 16 ou 1.800.000 bouteilles avaient complètement cessé, et que la dépression générale ressentie dans toutes les affaires avait fini par atteindre aussi la verrerie. Six millions de bouteilles en magasin, c'était de quoi vivre quatre mois de grève, en écoulant de 14 à 1.500.000 bouteilles, par mois. Ce laps de temps semblait d'ailleurs suffisant pour rendre les ouvriers plus traitables et les amener au besoin à accepter une réduction des salaires, qui, nous l'avons déjà dit, étaient plus élevés à Carmaux que dans les autres verreries.

Le second motif qui portait M. Rességuier à désirer la grève était précisément un certain espoir d'abaisser les salaires. Dès le mois de mai 1895, M. Rességuier avait cru trouver l'occasion d'une grève, qui lui aurait permis de faire cette opération. D'un coup et sans crier gare, il avait supprimé *la casse des rebuts*.

Ici quelques mots d'explications sont nécessaires.

Avant la grève générale de la verrerie en 1891, les bouteilles rebutées n'étaient pas payées à l'ouvrier, qui se plaignait de les voir chargées sur les wagons avec les autres bouteilles et vendues au même prix. La grève de 1891 fit obtenir aux verriers la casse des rebuts. Le résultat ne se fit pas attendre. Au lieu de 30 rebuts qui étaient auparavant comptés en moyenne dans la journée d'un ouvrier, sur 600 bouteilles environ qu'il fabriquait, on ne trouva plus qu'une moyenne de 8 à 10 rebuts ; et cela s'explique facilement. Toutes les bouteilles rebutées devant être impitoyablement cassées, le dommage était désormais, pour le patron, le même que pour l'ouvrier ; *les choisisseurs* se montrèrent donc moins méti-

culeux, et les rebuts furent réduits à leur minimum, au grand avantage des verriers. M. Rességuier feignit de trouver la combinaison trop peu
favorable à ses ouvriers, et il essaya de leur
faire admettre un autre système par le calcul suivant : « Nous ne casserons plus les rebuts, mais
nous vous paierons à moitié prix ceux qui seront
vendables. — Eh ! répliquèrent les ouvriers, si on
nous compte comme rebuts la moitié de notre
production? — N'ayez pas cette inquiétude, répondit M. Rességuier. Pour qu'il ne puisse y
avoir d'abus, nous fixerons le maximum des rebuts à 25. S'il y en a de plus de 25, ils seront
tous cassés; ce sera comme sous le régime actuel. S'il y en a moins, on fera un second
choix, et tous ceux qui seront vendables vous
seront payés à moitié prix. Vous y avez tout
avantage. Car, si, vos 25 rebuts sont vendables comme second choix, puisque je vous les
paierai à moitié prix, c'est-à-dire sur le pied
de 2 francs le 100, ce sera 50 centimes que
vous y gagnerez et que vous n'auriez pas sous
le régime pur et simple de la casse. » Le so-
phisme était évident, quoique bien présenté. En
effet, sous le régime de la casse, l'intérêt du patron, comme de l'ouvrier, était de réduire les
rebuts, si bien qu'ils étaient tombés, nous venons
de le voir, d'une moyenne de 30 à une moyenne

de 10. Mais, sous le régime que proposait M. Rességuier, l'intérêt du patron aurait été, au contraire, d'élever autant que possible les rebuts au maximum admis de 25, parce qu'au second choix il aurait eu, en supposant toujours une dizaine de bouteilles inacceptables, une moyenne de 15 bouteilles vendables, qu'il aurait payées moitié prix à l'ouvrier au lieu de lui en payer le prix entier. C'était une perte claire pour l'ouvrier, bien loin que ce fût pour lui un bénéfice. Les verriers de Carmaux ne s'y méprirent pas (1),

(1) La correspondance publique échangée sur cette question entre M. Rességuier et le Syndicat n'est pas sans intérêt.

(1°) Lettre de M. Rességuier au Directeur de la *Dépêche :*

« 12 mai 1895.

« ... Quand nous avons accepté de casser les rebuts, il était entendu que les verreries concurrentes les casseraient aussi; et non seulement la plupart ne les cassent pas, mais les retiennent à leur profit, sans rien payer aux ouvriers. De plus, elles font un deuxième choix qu'elles paient 30 % de moins que le premier choix.

« Les verreries de Carmaux ne font qu'un choix, et elles offrent de payer les rebuts à moitié prix. Et cependant il serait juste de les retenir sans rien payer, voici pourquoi :

« On entend par rebut une bouteille faillie par l'ouvrier. Est-ce que lorsque la bouteille a été faillie, la verrerie n'a pas dépensé la composition, le charbon, l'usure des fours, de l'outillage; est-ce qu'elle n'a pas eu à payer la main-d'œuvre de toutes ces manipulations?

« Il y a donc un préjudice incontestable pour la verrerie, occa-

et ils furent sur le point de se mettre en grève plutôt que de subir les funestes présents de

sionné par l'ouvrier ; c'est donc lui qui devrait en supporter les conséquences.

« Eh bien, malgré cela, nous offrons de payer moitié prix les bouteilles qu'il a manquées.

« J'ajoute que je me fais fort de prouver qu'il y a plutôt profit que perte pour les ouvriers.

« Je prouverai aussi que les verreries de Carmaux paient par an à leurs ouvriers une somme de cent mille francs de salaires de plus qu'elles ne paieraient si elles appliquaient les tarifs et conditions des verreries concurrentes.

« Eug. Rességuier. »

(2º) Réponse des ouvriers au Directeur de la *Dépêche :*

« ... M. Rességuier allègue comme argument que lorsque la bouteille a été faillie, la verrerie a dépensé la composition, le charbon, l'usure des fours, de l'outillage, et qu'elle paie toutes ces manipulations. Il n'en est rien. L'ouvrier n'est pas payé pour la bouteille faillie, et il n'y a jamais perte de matière, puisque la bouteille de rebut est refondue. En outre les rebuts proviennent, non seulement de la faute de l'ouvrier, mais bien souvent aussi de la défectuosité de la matière, ou de la mauvaise cuisson. Dans ce cas, la fatigue de l'ouvrier n'est jamais rétribuée. Pourquoi la verrerie le serait-elle ?

« M. Rességuier accepterait le tarif des verreries concurrentes. Cela lui est peut-être possible, puisqu'il a les matières premières sur place et à bas prix. Mais nous, qui ne sommes pas pour des conflits inutiles, nous estimons qu'avec les tarifs actuels, *les ouvriers étant contents* et la verrerie réalisant de gros bénéfices, il n'y a pas lieu de les modifier.

« Le Syndicat. »

(3º) Lettre de M. Rességuier du 24 mai. Elle se trouve, plus bas, dans le corps de l'ouvrage.

(4º) Réponse des ouvriers au Directeur de la *Dépêche :*

« Dans sa lettre du 26 courant, parue dans la *Dépêche,* M. Rességuier cherche tout simplement à égarer l'opinion publique, au sujet de la diminution qu'il veut nous imposer.

« Dans cette lettre extraordinaire, M. Rességuier dit que sa

M. Rességuier. Néanmoins la grève, qui, selon toute probabilité, n'aurait pas déplu à M. Ressé-

proposition sera pour nous une augmentation. Dans ce cas les lecteurs de la *Dépêche* seront obligés de constater que les ouvriers verriers de Carmaux sont des travailleurs extraordinaires, comme on n'en trouve pas ailleurs, puisque, comprenant la crise qui sévit en ce moment sur l'industrie du verre, *ils se refusent énergiquement à accepter l'augmentation que leur patron vient leur accorder.*

« Ce que la plupart des personnes étrangères à la verrerie ignorent, c'est qu'avant la grève de 1891 les rebuts (c'est-à-dire les bouteilles invendables) n'étaient pas payés à l'ouvrier. Le patron choisissait ces *rebuts* comme il lui plaisait, et il arrivait quelquefois que leur nombre atteignait le chiffre incroyable de 450.

« Pour la fabrication de ces bouteilles rebutées, l'ouvrier n'avait rien gagné; mais, le patron, lui, les vendait au mieux de ses intérêts, la plupart du temps autant que les bouteilles bonnes.

« Depuis la grève de 1891, il n'en est plus ainsi; les *rebuts* sont cassés et la moyenne des bouteilles faillies n'est plus aujourd'hui que de 15 par ouvrier.

« Aujourd'hui M. Rességuier veut bien que l'on continue comme par le passé à casser les bouteilles invendables, mais ce qu'il veut aussi, c'est créer une nouvelle catégorie de *rebuts* dite REBUTS REVENDABLES, que l'on ne casserait plus, et pour lesquels l'ouvrier ne toucherait que 50 % du prix de fabrication.

« Il faut que M. Rességuier nous suppose bien naïfs pour chercher à nous convaincre qu'il découle une élévation de salaire de sa proposition.

« Mais admettons pour un instant que nous soyons dans l'erreur. Notre devoir est tout tracé.

« Notre patron ne veut que notre intérêt; nous devons avoir à cœur de lui montrer combien nous sommes touchés par les sentiments d'affection dont il se dit animé à notre égard. Pour bien le lui prouver, nous ne lui demandons qu'une chose, c'est de nous laisser dans le *statu quo*. — Nous comprenons trop bien la portée des choses, et nous ne voulons pas que, par ces temps de

guier, n'éclata pas. Les ouvriers flairèrent un
piège, et voici le texte de l'ordre du jour qui fut
adopté par leur Syndicat :

Les Chambres syndicales des verriers de Carmaux et du
Bousquet-d'Orb, réunies en assemblée générale les 26 et
27 juin 1895, après avoir étudié minutieusement la proposition de M. Rességuier,

Reconnaissant qu'elle est, non seulement une diminution
de salaire que rien n'a justifiée, mais encore une voie
ouverte à tous les abus et à toutes les iniquités,

Pour ces motifs, les deux Chambres syndicales protes-
tent contre l'attitude agressive de M. Rességuier qui, vio-
lant ses promesses et les engagements qu'il avait contractés
envers ses ouvriers, cherche en ce moment à les acculer à
une grève, en leur imposant une diminution de salaire
fort habilement déguisée.

D'autre part, considérant la mauvaise situation créée
aux travailleurs du verre par la coalition patronale,

Décident de subir provisoirement cet état de choses tout
en se réservant pour l'avenir.

Les Chambres syndicales décident, en outre, que, à l'a-
venir, des mesures seront prises pour signaler à la presse
honnête les abus ou provocations dont les ouvriers verriers
auront à souffrir.

C'est au cours de cette discussion sur la question des rebuts, que M. Rességuier avait très catégoriquement déclaré sa résolution de profiter de
la première grève pour revenir, ce qui était plus

crise que nous traversons, notre patron fasse encore pour nous
de nouveaux et coûteux sacrifices.

« Le SYNDICAT des verriers de Carmaux. »

grave, sur l'accord établi quant aux salaires et pour les abaisser. Il avait ainsi jeté les jalons d'un plan qu'il trouvera à développer plus tard. Il avait, à ce sujet, publié la lettre suivante dans le journal de Toulouse, *la Dépêche* :

Toulouse, le 24 mai 1895.

Monsieur le Directeur de la *Dépéche*,

Je n'aurais pas voulu avoir à vous écrire de nouveau, mais je dois répondre ces quelques lignes à la lettre du Syndicat des verriers de Carmaux, publiée dans votre numéro du 21 courant.

Je vous prie de les publier dans votre édition du Tarn.

Je passe sous silence les appréciations dont je suis l'objet. Mon unique but est d'éclairer une fois de plus l'opinion et de rétablir les faits tels qu'ils sont.

Il est dit dans cette lettre :

« Au cours de notre entretien avec la commission, notre patron a laissé échapper cet aveu : « Arrêtez, vous nous « ferez plaisir. »

Je regrette que les délégués aient ainsi inexactement rapporté, en l'écourtant, notre conversation. Ils auraient dû au moins rappeler les points essentiels de tout notre entretien; ils ont cru ne pas devoir le faire, je vais le faire pour eux.

Je leur ai dit, à plusieurs reprises, pour qu'il ne puisse pas y avoir d'erreur : « Si je ne consultais que notre intérêt, je vous verrais cesser le travail avec plaisir, car, ce jour-là, vous me feriez économiser les 100.000 fr. de salaires que nous vous payons tous les ans en plus de ceux que paient nos concurrents. Je tiens à ce que vous sachiez bien que si le travail cesse, la verrerie sera fermée, tout le personnel sera licencié. Le jour où le travail reprendra, nous engagerons alors suivant nos besoins, et nos tarifs seront basés sur les plus élevés des autres verreries pour des marchandises semblables aux nôtres, mais, bien entendu, sans majoration aucune. »

Je leur ai démontré que ne pas casser les rebuts ne leur occasionne aucun préjudice et que je veux conserver ces rebuts uniquement pour maintenir, tant que je le pourrai, les tarifs supérieurs que nous leur payons.

Pourquoi, si les ouvriers ne sont pas satisfaits, ne produisent-ils pas un tarif des verreries concurrentes du moment où nous l'acceptons et que nous voulons le leur majorer de 3 % ?

Je leur fais encore cette proposition. Mais si le travail est suspendu, je ne pourrai, ainsi que je l'ai déjà dit, maintenir cette majoration. Si les ouvriers ne veulent pas accepter cette proposition, c'est qu'ils aiment mieux les tarifs que nous pratiquons.

Dans cette situation, si le travail cesse, les ouvriers sont fixés sur ce qui les attend. Ils n'auront donc qu'à s'en prendre à eux-mêmes.

Veuillez agréer, monsieur le Directeur, mes salutations bien distinguées.

L'Administrateur délégué,

E. RESSÉGUIER.

Cette lettre du 24 mai, M. Rességuier s'y réfèrera souvent quand, trois mois plus tard, éclatera la grève, et il ne cessera de répéter à ses ouvriers qu'ils avaient été dûment prévenus de ce qui les attendait.

La grève était tellement attendue à ce moment-là, qu'à l'assemblée générale des actionnaires au mois de mai, on en avait parlé comme d'un événement très probable, mais en constatant qu'on avait des munitions pour longtemps et que, par conséquent, il ne fallait pas s'en émouvoir, *au contraire*. Le stock écoulé, la grève finie, et, ajoutons-le, d'après la lettre M. de Rességuier, le salaire ramené au taux de celui des autres verreries, on reprenait la fabrication au moment où les vendanges, se terminant, donnent une recrudescence au travail du verrier. Par l'adroite concession que les ouvriers firent sur la question de la casse des rebuts, les espérances de M. Rességuier furent déçues, et la grève n'éclata qu'au mois d'août.

Le troisième motif qui faisait que la Direction ne répugnait pas à la grève, était le désir de briser le Syndicat et d'expulser de l'usine les meneurs audacieux. On pensait que, lorsque les ouvriers, lassés de chômer, reviendraient au travail, il serait facile de n'admettre que ceux qu'on voudrait et aux conditions de discipline qu'on jugerait bon de leur imposer.

Une des lettres publiques adressées par le Syndicat à M. Rességuier au cours de la discussion sur la casse des rebuts, vise ce point en l'encadrant de déclamations révolutionnaires, qui font assez voir par quel esprit faux et mal avisé le Syndicat gâtait la cause intéressante des verriers :

Carmaux, 19 mai 1895.

Monsieur le Directeur de la *Dépêche*,

C'est définitivement arrêté, malgré les promesses de toute sorte qu'il avait faites à ses ouvriers, assez naïfs pour ajouter foi à ses bonnes paroles, M. Rességuier, jaloux sans doute des lauriers conquis par l'officier Dériard, a mis son personnel en demeure d'accepter ce que dans son langage mielleux il appelle une augmentation, et cela à partir du 1er juin prochain.

Au cours de son entretien avec la commission syndicale, notre bienveillant patron a laissé échapper cet aveu : « Arrêtez et vous me ferez plaisir. » Ne concorde-t-il pas bien avec le langage qu'il nous tenait, il n'y a pas encore bien longtemps, et qui était celui-ci : « Je considère mes ouvriers comme mes enfants; je suis et serai toujours pour eux un vrai père de famille; jamais, au grand jamais, je le jure, un conflit ne viendra de nous. »

O logique bourgeoise, voilà bien de tes coups!

Aujourd'hui, nous voilà définitivement fixés sur la valeur de la touchante sollicitude de M. Rességuier pour ceux qu'il nomme ses enfants, autant que de ses belles déclarations.

Dans un but qui apparaît clairement à tous les ouvriers conscients, M. Rességuier veut détruire notre organisation syndicale qui le gêne considérablement. Il ne tend à rien moins qu'à nous ramener au bon vieux temps, c'est-à-dire à l'époque où il suffisait d'avoir déplu à l'un des méchants petits valets du maître, pour que la noire misère fût notre partage.

C'est ainsi que nos patrons nous récompensent. Nos enfants sont réduits à l'état de squelettes; la mort fait les ravages les plus terribles parmi nous. De tout cela, nos patrons si bienveillants, disent-ils, ne se soucient guère;

pourvu qu'ils encaissent de gros bénéfices, ils sont satisfaits. Plus tard, quand ils en auront le temps, ils s'occuperont du sort de leurs ouvriers, plus tard aussi, ils songeront à ce qu'il a fallu de sueur et de souffrance à ces derniers pour leur donner le luxe et les jouissances de toute sorte dont ils sont environnés. Pour l'instant, ils n'ont point le loisir de s'occuper de questions aussi mesquines pour eux. Encaisser, encaisser tout le temps, c'est tout ce qu'ils demandent.

Voilà pourquoi au moment même où, à l'exposition de Bordeaux, tout le monde admire et loue les produits des verreries de Carmaux, M. Rességuier veut récompenser ses ouvriers en les mettant dans l'obligation, ou bien de se plier à ses exigences, ou bien d'avoir à mourir de faim.

Au public d'apprécier les procédés de ce si bon papa.

Le SYNDICAT des ouvriers verriers.

Aux avantages que le patron pouvait trouver dans la grève, ajoutons le désir qu'avait l'administration publique de débarrasser le département du Tarn de la candidature Jaurès. La grève ne pouvait être que favorable à la Direction; elle se terminerait donc d'une façon désastreuse pour les ouvriers, ou plus exactement pour les socialistes; car les ouvriers étaient tellement confondus avec les défenseurs des idées socialistes, qu'atteindre les uns, c'était frapper à mort les autres.

De toutes les causes que nous avons énumérées, nous voulons retenir comme la plus importante, comme celle qui pouvait avoir le plus d'influence sur la question de la grève, l'existence d'un stock considérable qui gênait le bon fonctionnement de l'usine et dont on voulait se débarrasser. La grève, soutenue du côté du patron avec cette ressource, permettait en même temps de faire un nettoyage complet des éléments de désordre dans l'usine Rességuier et de l'élément socialiste dans le département du Tarn.

II. — HISTORIQUE DE LA GRÈVE.

Carmaux se trouvait depuis quelque temps dans une situation tout exceptionnelle. Le maire, M. Mazens, était à lui seul tout son conseil municipal (1). Adjoint de Calvignac, il fut nommé,

(1) Les séances du Conseil municipal sont des plus curieuses. En voici un compte rendu :

« Pour la plupart des questions inscrites à l'ordre du jour, dit le maire, si le conseil veut, nous pouvons les examiner rapidement et en avoir vite fini. » Personne ne répond. M. le Maire prend alors les comptes de gestion et le compte administratif : il demande au conseil s'il entend que lecture en soit donnée article par article, ou bien chapitre par chapitre, ou bien encore en donnant le chiffre total des recettes et le détail des dépenses. Aucun membre du conseil ne bouge. M. le Maire met alors sa première proposition aux voix ; pas une main ne se lève, pas plus que pour la deuxième et que pour la troisième. Le public approuve l'attitude prise par les conseillers et on ne se gêne pas pour le dire à haute voix dans le fond de la salle. Ce que voyant, M. le Maire dit : « Je constate le refus du conseil municipal de voter sur ces questions. Ces comptes seront approuvés tout de même. »

A d'autres séances, les conseillers municipaux ne viennent

par ses camarades, maire intérimaire, pour
tout le temps que Calvignac resterait suspendu
de ses fonctions. Lorsque Calvignac voulut reprendre son écharpe, Mazens se refusa à la lui
rendre; de là de violentes altercations, de là
un procès intenté par Mazens à Baudot et Calvignac qui l'avaient grossièrement insulté, puis
une condamnation entraînant l'inéligibilité de
Calvignac et de Baudot, et enfin, comme couronnement de l'affaire, l'élection au conseil d'arrondissement du verrier Baudot.

Baudot, depuis longtemps déjà, en prenait fort
à son aise avec les règlements de l'usine. Averti,
à une dernière absence faite sans autorisation,
qu'une récidive le ferait expulser, il s'était con-
tenté de hausser les épaules, ne croyant sans
doute pas à une telle mesure de rigueur. Jamais,
en effet, le renvoi n'avait été la peine discipli-
naire correspondant à une absence injustifiée.
Le renvoi n'est prononcé que dans des circonstances graves, et il est facile de prouver que
l'absence d'un verrier ne porte aucun préjudice
à la bonne marche de l'usine... Tout y est prévu
pour le remplacement des manquants, et non

même pas. M. le Maire fait alors un appel devant les banquettes
vides et il ajoute : « Le nombre des conseillers municipaux en
exercice n'étant pas en majorité pour délibérer, je déclare la
séance levée. »

sans raison, car non seulement les maladies et surtout les malaises sont fréquents chez les verriers, mais encore ils éprouvent de temps à autres le désir de se reposer. Leurs salaires élevés le leur permettent et leur travail énervant le justifie.

Il se trouve, dans la loge du concierge de l'usine, un cahier portant deux colonnes. La première où doivent s'inscrire les verriers manquant au travail, la seconde où ils doivent s'inscrire comme rentrant après une absence. Ainsi, un ouvrier veut-il s'absenter, se sent-il fatigué, il lui suffit d'entrer dans la loge du concierge et de « se porter » dans la colonne des manquants. Pour reprendre le travail, il sera tenu de venir se réinscrire dans la colonne des rentrants.

Pendant la nuit, c'est aussi simple. Comme il y a 8 heures de travail pour chaque brigade (on appellè brigade l'ensemble des équipes travaillant aux mêmes heures) dont 7 heures 20 minutes (1) de travail effectif, il est nécessaire, pour rendre l'explication plus claire, de donner les heures d'entrée au travail des différentes brigades. La première brigade prend son tour à 4 heures du matin, la deuxième à midi et la troisième à 8 heures du soir. Ceux qui doivent

____

(1) Sur les 8 heures de travail, sont pris deux repos de 20 minutes chacun.

prendre le travail à 4 heures du matin sont réveillés par un *appeleur*, qui traverse la ville, hèle de la rue chaque ouvrier et attend que chacun lui ait répondu. Si parfois l'ouvrier lui répond : « Je suis fatigué, je n'y vais pas », *l'appeleur* a sur sa liste dix noms de souffleurs, dix noms de grands garçons et dix noms de gamins, qui forment la brigade de relai et ne travaillent que lorsqu'il y a des absents ; pour remplacer l'ouvrier manquant, il n'a donc qu'à appeler le premier relayeur de sa liste, dont la catégorie correspond à celle du verrier qui fait défaut. Et le relayeur continuera à remplacer l'absent, tant que ce dernier ne sera pas venu se faire réinscrire comme rentrant, 24 heures avant de pouvoir reprendre sa place à l'usine.

Comme on le voit, rien de plus normal, rien de moins préjudiciable au travail de l'usine, qu'une absence, justifiée ou non, d'un ouvrier. En admettant même qu'une absence injustifiée doive être punie, il n'était nul besoin de recourir à une punition aussi exorbitante et peu en rapport avec la faute commise, surtout si l'on considère que ce renvoi allait fatalement amener une grève, c'est-à-dire une catastrophe dont patron et ouvriers ressentiraient pendant longtemps les conséquences douloureuses. Si la Direction avait voulu éviter la grève, il est bien certain qu'elle se serait gardée d'inaugurer une législation nouvelle à l'égard d'un ouvrier en vue, avec lequel plus qu'avec tout autre ses camarades devaient se solidariser, en raison de sa condamnation politique et de sa toute récente élection.

Dans la nuit du 18 au 19 juillet, Baudot, appelé par l'avertisseur, répondait une première fois : « J'y vais ». Rappelé une seconde fois, alors que son absence avait été constatée à la verrerie, il avait dit : « Je suis fatigué, je n'y vais pas. » Et immédiatement, avec le système des relais, il avait été remplacé.

Le mardi 30 juillet (1), Baudot se présente à l'usine. Sur l'avis qui lui est donné qu'il ne fait plus partie du personnel de l'usine, il va prévenir le Syndicat, qui convoque pour le soir même une assemblée, où est nommée une délégation chargée d'aller demander la réintégration de Baudot.

Le mercredi matin, la délégation se rend à l'usine. M. Gustave Moffre descend dans la loge du concierge et dit à cette délégation : « Nous ne voulons plus recevoir de commissions syndicales, le Syndicat ayant été incorrect avec nous, » faisant allusion à certaines conditions fixées par la Direction et inexactement rapportées par une commission au Syndicat, quand il fut question

______

(1) Baudot avait été délégué au congrès verrier de Marseille.

de la casse des rebuts, au mois de mai 1895. Devant ce refus de la recevoir, la délégation demanda une suspension du travail pour le soir à 2 heures, afin d'organiser une réunion générale de tous les verriers : « Ce n'est pas à dire que nous quittons le travail », ajoute un ouvrier.

A deux heures, tous les ouvriers se réunissent et décident une nouvelle tentative, cette fois-ci auprès de M. Léonce Moffre. On lui remet, pour le Directeur, une lettre dont voici le texte : « La Chambre syndicale des ouvriers de Carmaux, réunie en assemblée générale le 31 juillet 1895, a décidé à l'unanimité la cessation du travail, si le camarade Baudot n'était pas réintégré à l'usine. Elle a décidé en outre de vous donner le temps nécessaire pour laisser (*sic*) les bassins, si vous le jugiez utile. Nous vous prions de bien vouloir nous faire parvenir par écrit votre décision. »

M. Moffre ne voit dans cette demande de vider les bassins qu'un moyen de gagner du temps et de consulter M. Jaurès. Il refuse donc et il répond : « Je vous accuse réception de votre lettre. La décision prise à l'égard de Baudot est irrévocable, et il importe peu que les bassins soient vidés. L'usine reste ouverte pour ceux qui voudront venir travailler. »

En présence de cette lettre, la commission déclare, au nom du Syndicat, que le travail ne serait pas repris le soir à 8 heures.

Le 1ᵉʳ août cependant, M. Jaurès, prévenu par dépêche, est arrivé à Carmaux. Il est fort perplexe et ne cache pas ses inquiétudes sur les conséquences de cette grève déclarée à la légère. Il sait que l'industrie du verre traverse une crise pénible et qu'un stock considérable de bouteilles, dans les magasins de l'usine, peut permettre à la Direction un long chômage. Il va trouver M. Gustave Moffre : « Les ouvriers, lui dit-il, étaient prêts à se soumettre à un règlement plus sévère, mais ils se révoltaient contre la rétroactivité de ce nouveau règlement. »

Le 2 août, un vendredi, les ouvriers se réunissent et réclament l'arbitrage. Au bout de trois jours arrive une lettre de M. Rességuier, le refusant sèchement.

Le lundi 5 août, nouvelle réunion des ouvriers, qui décident, sur les instances réitérées de M. Jaurès, de reprendre le travail en acceptant le renvoi de Baudot.

Ils se rendent donc à l'usine, où ils trouvent M. Boubal, chef de fabrication. Celui-ci venait justement de recevoir une affiche à faire placarder. Cette affiche donnait aux ouvriers le conseil quelque peu ironique d'aller chercher fortune ailleurs, alors qu'il n'y a que quelques centres verriers en France et que, dans ces quelques centres, il y avait déjà surabondance de bras inemployés. « On ne pouvait prévoir, disait l'avis, quand ni dans quelles conditions la réouverture aurait lieu. » M. Boubal croit devoir considérer cet avis comme non avenu, puisque les ouvriers acceptent les conditions patronales. « A la bonne heure, dit-il, il vaut mieux que ça se termine ainsi. » Les ouvriers, croyant toute difficulté aplanie, télégraphient à M. Rességuier : « Nous avons décidé à l'unanimité de reprendre le travail aux conditions fixées par vous. Nous ferons vivre sur nos salaires Pelletier et Baudot. » Et M. Rességuier répond par dépêche : « Toulouse, 6 août soir : Grève ayant été déclarée sans motif, me tiens à l'affiche de ce jour. Verrons, moment venu, dans quelles conditions travail pourra reprendre. »

Ici se termine la première grève, la grève ouvrière ; la grève patronale commence.

Si M. Rességuier avait voulu éviter la grève, quand les ouvriers, renonçant à faire rentrer à l'usine Pelletier et Baudot, se déclaraient prêts à reprendre le travail, il lui eût été facile de rallumer immédiatement ses fours encore chauds et que le refus de M. Moffre avait d'ailleurs seul empêché d'entretenir.

S'il avait seulement voulu opérer une réduction des salaires ou chasser quelques ouvriers, il l'aurait dit, en imposant ses conditions pour la rentrée des verriers à l'usine.

Mais non, disait-on, il ne veut pas rouvrir immédiatement son usine, il se soucie peu de mettre à la porte quelques ouvriers turbulents. Il reste à dessein dans le vague et se garde d'exposer nettement ses conditions, non plus que d'indiquer la date de réouverture de sa verrerie.

Voici son laconique et sévère avis, affiché le 7 août à la porte de l'usine :

« Les ouvriers des verreries de Carmaux ayant quitté le travail sans motif, l'usine est fermée par ce fait.

« La Société, dans leur intérêt, croit devoir les avertir qu'elle ne peut prévoir quand et dans quelles conditions la réouverture aura lieu.

« A chacun, par conséquent, de prendre tel parti qui lui convient. »

Et cependant, quelques jours auparavant, le 31 juillet, M. Moffre écrivait à ses ouvriers : « La décision prise à l'égard de Baudot est irrévocable. L'usine reste ouverte pour ceux qui voudront venir travailler. »

Dans son entrevue avec le préfet, la veille du jour même où l'affiche comminatoire fut placardée, M. Moffre disait : « La Compagnie n'entend, — pas plus aujourd'hui que jamais, — témoigner à aucun des ouvriers la moindre animosité, et elle est prête à fournir du travail à ceux d'entre eux qui lui en demanderont. »

Enfin M. Rességuier lui-même, dans sa lettre de refus d'arbitrage, écrivait : « Je plains bien sincèrement ceux qui subissent une grève à laquelle ils sont étrangers et qu'ils auraient bien voulu éviter. A cela nous ne pouvons rien. »

Ainsi, l'usine était ouverte aux ouvriers, lorsque ne voulant pas abandonner Baudot, ils refusaient d'y entrer. Ils abandonnent Baudot et veulent rentrer, et l'usine est fermée! Cela ne pouvait-il pas laisser supposer que la Direction de la verrerie tenait sa grève et ne voulait pas la laisser échapper? Elle n'indique même pas les conditions auxquelles l'usine pourra faire sa réouverture. Il faut d'abord que le stock s'écoule; on verra ensuite.

Il y a donc ici par le fait deux grèves : une qui venait de se terminer par l'acceptation du renvoi de Baudot; une seconde, qui commençait par le refus de rouvrir l'usine aux ouvriers demandant à y rentrer. La première grève avait pu se terminer par un accord, puisqu'elle avait eu une raison d'être, un motif réel. Mais la seconde ne peut se terminer que par une capitulation, les ouvriers devant s'en remettre à la générosité de leur maître pour l'ensemble des conditions qu'on refuse de leur faire connaître immédiatement.

Dans toute cette grève, le rôle de M. Rességuier fut des plus simples. Il ne cessa de se dérober à toute demande d'arbitrage et d'invoquer l'ingratitude de ses ouvriers. Voici quelles étaient les explications que donnait son Journal *le Télégramme,* au sujet de leur attitude :

Les feuilles socialistes ont voulu donner ironiquement à M. Rességuier le nom de « père des verriers ». C'est là un titre qu'il mériterait assurément si l'on considère les nombreux avantages dont bénéficient ses ouvriers. Nous en avons donné une preuve hier en ce qui concerne les salaires, en citant la moyenne du gain quotidien des membres de la commission du Syndicat, 10 francs par jour. Il y a plus. Le tarif qui a cours à la verrerie de Carmaux est à ce point plus élevé que celui des usines similaires, que les verriers ont repoussé l'offre du Conseil d'administration de majorer de 3 % le tarif de l'usine de France qu'ils jugeraient la plus favorisée.

Les salaires obtenus ainsi eussent été encore inférieurs de beaucoup à ce qu'ils sont. Les verriers de Carmaux ont demandé à conserver leur fructueux tarif.

Quant à la durée du travail, elle est réduite dans des proportions très considérables. Alors que, dans un grand nombre d'usines, la journée est de dix heures, elle ne dépasse jamais, à Carmaux, sept heures un quart. Les dimanches, les fours sont arrêtés pendant seize heures. Dans aucune autre verrerie ils ne chôment plus de huit heures.

Ces avantages ont paru suffisants aux verriers, puisqu'ils ont pu limiter leur production. Le souffleur qui gagne plus de 10 francs par jour doit verser l'excédent dans la caisse du Syndicat. Qu'une grève éclate en quelque verrerie, et les verriers de Carmaux peuvent, sans s'imposer aucun sacrifice, venir efficacement en aide à leurs camarades.

Pendant tout le temps qu'a duré la grève de Rive-de-Gier, une retenue de 8 % a été pratiquée sur tous les salaires, sans préjudice des versements ordinaires du Syndicat.

Une imposition extraordinaire de 27 francs par tête a pu encore être subie, pour subventionner les *verreries aux verriers*.

Nous demandons quels autres verriers ont pu supporter de pareilles charges. Ceux de Carmaux ne s'en sont pas même ressentis.

Et encore, indépendamment des salaires surélevés, il y a les gratifications : l'allocation de 4.800 kil. de charbon et l'indemnité de loyer de 60 francs par ménage.

Et l'économat? Dans quelle usine est-il établi sur le même principe? Partout les bénéfices de l'économat retournent dans la caisse de la Société. A Carmaux, au contraire, ils assurent le fonctionnement de la caisse de secours et la verrerie de Carmaux est la seule qui possède une caisse de secours. Cette institution assure aux verriers et à leurs familles la gratuité des remèdes et des soins médicaux et distribue aux malades des allocations d'argent. Et à qui ressortissent le fonctionnement, les frais d'administration et de gestion de la caisse de secours? A l'usine!

Assurément, si une grève devait éclater quelque part, ce n'était pas à la verrerie de Carmaux.

Si les ouvriers d'une usine avaient le droit de s'élever en face de leurs patrons et de leur causer volontairement des préjudices graves, ce n'étaient pas les verriers de Carmaux.

Les sacrifices que s'imposait la Société et qu'on aurait cru de nature à provoquer chez les ouvriers la confiance et le zèle au travail, ils les ont reconnus en retournant contre la Société elle-même les armes qu'elle leur donnait. La situation devenait intenable. Sous le futile prétexte d'organisation syndicale, tous les ordres de la direction étaient discutés, la moindre mesure rencontrait une résistance systématique, le conseil d'administration se heurtait sans cesse à un mauvais vouloir absolu qui n'avait d'autre but que de diminuer son autorité, au point que le Syndicat put traiter un jour avec lui de puissance à puissance.

Un exemple entre mille; l'année dernière, pendant le temps des *fours-morts*, où une partie du personnel de l'usine chômait pour permettre la réparation des fours, il fut défendu à tous ceux qui auraient pu être utilisés pour remplacer des malades ou des absents, d'accepter du travail à la Verrerie. Celle-ci manquait de bras, et devant les portes se promenaient des ouvriers oisifs. Ils n'auraient pas mieux demandé que de travailler, mais c'eût été sortir les administrateurs d'embarras.

Cette année, l'interdit a été moins rigoureux, mais le Syndicat n'en a pas moins permis le travail qu'à des heures déterminées.

On cherchait noise à ceux dont le carnet de cotisation n'était pas à jour; on les menaçait de leur interdire tout travail, de leur défendre tout avancement, et d'ailleurs, pour l'avancement, il n'était pas utile, comme on pourrait le croire, de contenter le patron, mais d'être *persona grata* auprès de la commission du Syndicat.

L'influence patronale, chaque jour battue en brèche, menaçait de devenir un vain mot, et l'on sentait le jour prochain où le rôle de la Société se serait borné à assumer les responsabilités et à payer.

L'affaire Pelletier-Baudot est le dernier et décisif assaut du Syndicat. Sur ses injonctions la Société a dû arrêter le travail de l'usine.

Or, une verrerie n'est point comme une machine dont on peut suspendre le fonctionnement sans grand dommage.

Pour la remettre en complète activité, il ne faut pas moins de quinze jours et la dépense occasionnée est considérable.

Or, la question qui se pose aujourd'hui est celle-ci : ou

la Société restera maîtresse à la verrerie, ou le syndicat prendra le pas sur elle et lui dictera ses ordres. Si la Société se rend, elle demeurera à jamais prisonnière d'un syndicat tyrannique, et non seulement sa bonne tenue, mais son fonctionnement même sera menacé.

Eh bien, il n'est pas un homme de bonne foi qui, en présence de la situation unique faite par l'administration à ses verriers, en présence de ce désintéressement louable qui lui a fait élever ses tarifs de salaires au-dessus des tarifs des autres verreries, en présence surtout de la sollicitude de la Direction, il n'est pas un homme de bonne foi, disons-nous, qui blâmera la Société de prendre aujourd'hui toutes les précautions et toutes les mesures possibles pour faire respecter son autorité.

Si le personnel de l'usine, qui savait à quoi il s'exposait, a souffert du dommage qu'il a fait subir à la Société, il faut espérer que la leçon lui sera profitable et qu'aucun caprice nouveau ne viendra troubler, désormais, l'exploitation rationnelle de la Verrerie.

J'ai eu plusieurs fois l'occasion de voir M. Rességuier. Il m'a toujours fait l'effet d'un homme très obstiné, à qui son entêtement a gagné une fortune. Il se serait plutôt laissé ruiner que de céder à ses ouvriers. Il désirait qu'*ils en prissent à leur aise* et qu'après ce conflit aigu on lui laissât un peu de tranquillité.

Tous, cependant, dans le conseil d'administration ne partageaient pas les idées du président du Conseil. Le vice-président, ancien président du tribunal de commerce, ancien maire de Toulouse, homme d'une haute et large intelligence, d'un sens très droit et d'esprit très libéral, M. Sirven, ne crut pas devoir se solidariser avec M. Rességuier. Il l'abandonna, non point dès le début de la grève, car il craignait que cette rupture éclatante pût être attribuée à certains dissentiments politiques survenus entre lui et M. Rességuier au moment des dernières élections municipales de janvier; il hésita longtemps et ne se décida qu'après avoir pris avis de gros actionnaires des verreries et lorsque le président du Conseil s'entêta à refuser obstinément tout arbitrage et se déclara prêt à assumer la lourde responsabilité de cette terrible grève.

Avant même de se décider, M. Sirven provoqua auprès de M. Rességuier une démarche d'un personnage important, qui avait une grande influence sur lui. Cette démarche resta infructueuse. M. Sirven écrivit alors sa lettre de démission, qui devait, à son sens, servir à provoquer une assemblée générale des actionnaires, lesquels se connaissent à peu près tous. Il n'en fut rien. Au lieu d'être communiquée aux actionnaires, cette lettre fut divulguée à quelques journalistes, et huit jours après, les journaux de Toulouse la publiaient.

Quels furent les résultats de l'attitude prise par M. Rességuier au point de vue des intérêts de la cause patronale dont il se prétendit le champion? Je suis en mesure de dire que de grands industriels ont sévèrement jugé cette attitude en elle-même et l'ont trouvée très compromettante pour eux. Ils déploraient la prétention bien malheureuse qu'avait M. Rességuier d'incarner le patronat, et ils s'en expliquaient, les uns avec fermeté, les autres avec vivacité.

Le quartier général de la grève était l'hôtel Malaterre, où descendaient les socialistes de marque appelés à Carmaux pour défendre la grève, et où siégeait le Comité de résistance. C'était là aussi que prenaient pension les gendarmes casernés dans la verrerie. De l'hôtel on avait un observatoire d'où, à toute heure de jour et de nuit, l'entrée de l'usine était surveillée.

Si la ville est loin d'être gaie en temps ordinaire, en temps de grève elle est plus que maussade. Chaque arrivée de train, — c'était la distraction de la journée, — était impatiemment attendue par les grévistes massés derrière la grille du café de l'hôtel Malaterre, pendant que des gendarmes, revolver à la ceinture, longeaient cette grille en bougonnant et roulant des yeux menaçants. Dans la rue de la gare, qui est la grande artère de Carmaux et des deux côtés de laquelle se regardent l'hôtel et la verrerie, des gendarmes bottés et armés circulaient deux par deux, interdisant tout rassemblement et même

les regards indiscrets aux fenêtres de l'hôtel Malaterre. Parfois ils faisaient fermer les fenêtres,
d'autres fois ils faisaient circuler dans le couloir
intérieur de l'hôtel. Un brave commis-voyageur,
qui avait la figure collée aux vitres de la fenêtre
de la salle à manger, vit un gendarme traverser
la rue et lui indiquer du geste qu'il ferait mieux
d'aller employer ailleurs sa curiosité. J'ai été té-
moin de tous ces petits faits.

Du côté des ouvriers, il y avait la même sus-
picion contre le patron. A côté de la villa de
M. Gustave Moffre et la dominant, se trouvait
un petit chalet. Il avait été bâti pour forcer
M. Moffre à acheter à gros prix le terrain sur
lequel on l'a construit, achat auquel M. le Directeur de la verrerie s'était obstinément refusé. Ce
chalet avait été loué par les grévistes au propriétaire, qui ne demandait pas mieux que de jouer
un mauvais tour à son récalcitrant voisin, et
de là, *le château des rebuts* (ainsi qu'on appelle
plaisamment le modeste et laid pavillon directo-
rial) était l'objet d'une surveillance taquine et
incessante. Mme Moffre conviait-elle quelques personnes à dîner dans sa villa, immédiatement des
barytons et des ténors grévistes, juchés sur le
balcon du chalet, entonnaient la Carmagnole.

Et cependant les Carmausins sont en général
loin d'être méchants et exaltés. Lorsqu'on leur

demandait à qui ils en voulaient le plus, ils étaient fort embarrassés. Était-ce à M. Rességuier, à M. Gustave ou à M. Léonce Moffre? Ils n'en savaient rien. Contre aucun personnellement leur haine n'était bien violente. M. Rességuier était un « jésuite » et M. Léonce un brutal, et à cela se bornaient leurs récriminations. Pour être violents dans leurs proclamations, ils se forçaient. Leur indignation n'était pas naturelle, et je m'étonnais de les trouver si peu aigris.

Deux épisodes sont venus s'ajouter à la grève : l'un est le procès Aucouturier, qui fit du bruit à cause des paroles violentes attribuées au procureur de la République, dans son réquisitoire; l'autre est l'attentat contre M. Rességuier. Nous ne parlerons pas du rôle de M. le préfet Doux, dont nous avons expliqué la partialité un peu vive par le sens politique qu'avaient su donner à la grève les politiciens socialistes appelés à Carmaux et l'esprit révolutionnaire des ouvriers de la verrerie (1).

Le réquisitoire de M. le procureur de la République fut, en effet, violent. Désignant M. Jaurès,

____

(1) Les charges qui eurent lieu dans les rues de Carmaux furent niées par certains journaux. Les gendarmes ne dégainèrent pas, il est vrai, mais ils parcoururent les rues au grand trot, escaladant les étroits trottoirs et affolant la population. Comme ils n'avaient pas « sabre au clair », on put nier qu'il y avait eu charge au sens propre du mot.

qui assistait aux débats, il s'était écrié : « C'est cet homme, messieurs les juges, qui pervertit les esprits par ses idées malsaines, et, sans doute, par sa présence ici, présage des outrages futurs, il a tenté d'exercer sur vous une pression déloyale. Vous résisterez, nous résisterons. Le monde même en s'écroulant ne nous effraiera pas : *Impavidum ferient ruinæ*. Et, suivant une autre parole célèbre, les injures de cet homme n'arriveront pas à la hauteur de notre mépris. »

Ces paroles, auxquelles nous n'avions pas voulu croire et que nous attribuions à l'imagination fertile de M. Jaurès, ont été réellement prononcées. Les témoignages que nous avons reçus à ce sujet ne peuvent être récusés.

L'attentat contre M. Rességuier fut mis en doute par presque tous les Carmausins. Les uns nous disaient bien qu'on avait entendu comme un coup de bâton donné sur une cuirasse, les autres avaient vu comme une fusée qui aurait brûlé par terre. Un gamin se vanta d'avoir jeté une pierre contre le patron de la verrerie. Bref, on clabauda fort dans le peuple et on parla ironiquement de ce fameux attentat. Cependant il avait eu lieu. Nous avons recueilli les témoignages de M. Rességuier et de M. Moffre, qui sont des hommes fort honorables, incapables d'une pareille invention. Leurs adversaires eux-mêmes conviennent de cette tentative criminelle, et ils ont imaginé de l'attribuer à la police, à « l'ignoble Cordel », disent-ils.

Voici la déclaration que m'a faite M. Moffre : « Nous revenions, mon beau-père et moi, à l'usine, pour assister à la rentrée du relai de huit heures. Je regardais machinalement nos deux ombres qui étaient très longues, lorsque je vis subitement une troisième ombre s'avancer derrière nous, très rapidement. Je tournai instinctivement la tête et je vis très distinctement le canon d'un revolver à la hauteur du lobe de l'oreille de M. Rességuier, puis immédiatement j'aperçus la flamme ; mais ni mon beau-père ni moi n'avons entendu la détonation. Je pris mon revolver à la main et me mis à poursuivre l'assassin, en criant : « Arrêtez-le ! A l'assassin ! » Je le regardais le mieux possible dans l'obscurité et je le détaillais aussi bien que je le pouvais, pour le reconnaître si je ne parvenais pas à l'atteindre. Je n'osais tirer de peur de frapper les personnes très nombreuses qui se trouvaient dans la rue et dont aucune ne se dérangeait pour arrêter l'homme que je poursuivais. Je le suivais à sept mètres. M. Rességuier s'était écrié après le coup : « Le misérable ! »

Ainsi l'attentat a eu lieu, il ne peut être douteux. Faut-il voir dans cet acte la mauvaise plaisanterie d'un jeune homme exalté, mais n'osant aller jusqu'au bout, jusqu'au crime? C'est ce qui me parait le plus vraisemblable.

M. Moffre s'étant retourné très brusquement, l'assaillant, qui était de petite taille, a dû se précipiter vers M. Rességuier, pour avoir le temps de tirer ce coup de revolver avant d'être saisi par M. Moffre. Dans sa précipitation, il a dû heurter son poing contre l'épaule de M. Rességuier, qui est très grand. C'est ce qui explique que l'on trouva sur l'épaule de celui-ci deux ecchymoses, l'une correspondant au poing qui l'avait frappé, l'autre à la gâchette tranchante d'un revolver sans pontet ou à l'extrémité du canon de ce revolver, qui avait produit sur le veston une déchirure à angle droit.

On fit des perquisitions chez Guilhen, qui était soupçonné d'être l'auteur de l'attentat. On lui demanda s'il portait quelquefois un chapeau; il répondit que non. Cette question avait une certaine importance, parce que l'assassin portait un chapeau et que les habitants de Carmaux sont en général coiffés de casquettes marines ou de bérets. On lui demanda d'ouvrir un placard. Il s'y refusa, en répondant que ce placard ne renfermait que du linge sale. Le commissaire insista et on trouva un tas de linge sale couvert de poussière, sur lequel on vit un chapeau, placé depuis peu, puisqu'il n'était pas poudreux. En continuant les perquisitions, le commissaire eut la curiosité de savoir qui demeurait sur le même palier. Il poussa une porte et entra dans une chambre où était couchée une femme. Elle dit qu'elle était la cousine de Guilhen. On fouilla la chambre et on trouva dans un tiroir un revolver qu'elle déclara être le revolver de son cousin, alors que Guilhen avait affirmé n'avoir pas de revolver. Mais cette arme fut examinée par un armurier de Toulouse, et on dut reconnaître qu'elle n'avait pas servi depuis fort longtemps.

Le ministère Bourgeois donna ordre d'élargir Guilhen.

Dans le cours de cette malheureuse grève, les intérêts des ouvriers syndiqués furent piétrement défendus par le Comité de résistance, qui n'était composé que des membres les plus influents et les plus turbulents du syndicat. Excité par les politiciens accourus à Carmaux et incapable d'une juste appréciation des intérêts corporatifs qu'il avait charge de défendre, ce Comité ne sut que laisser les « renégats » de Rive-de-Gier venir prendre la place des malheureux que son intolérance condamnait à poursuivre la grève et à tomber dans la misère.

Lorsque M. Rességuier, sur l'invitation du gouvernement, et jugeant sans doute le temps venu, ralluma un à un ses fours, le Comité de la grève s'obstina à empêcher les ouvriers de rentrer à l'usine. A l'entendre, il ne venait du dehors que des enfants et des vieillards; on n'embauchait que des « cheminots », qui jouaient au palet pendant que les gendarmes étaient obligés de souffler eux-mêmes les bouteilles. Quand la fumée était sortie des hautes cheminées de l'usine, on avait dit que c'était une comédie, un feu de paille allumé pour effrayer les Carmausins et leur faire croire à la reprise du travail. « Ainsi, écrivait M. Jaurès, ils peuvent tant qu'ils voudront, en signe de bravade, ou pour tromper les ouvriers, faire fumer leurs fours. Les ouvriers se moquent de cette comédie; car ce qu'il faut à ce mauvais patron, pour triompher, ce n'est pas de la fumée, ce sont des hommes, et il n'en a pas. » Et cependant, ni M. Jaurès ni le Comité de résistance ne pouvaient ignorer, car le citoyen Vinay les avait prévenus, que Rive-de-Gier était remplie d'ouvriers verriers sans travail, dans la plus noire misère depuis de longs mois, et qui ne demandaient qu'à être embauchés, n'importe où, à n'importe quelles conditions, pour ne pas être réduits à mourir de faim.

Lorsque ces Ripagériens (1) arrivèrent, ils trouvèrent sur toute leur route, à tous les embranchements de lignes, des délégués du Comité chargés de les faire renoncer à leur voyage. A Rive-de-Gier, à Toulouse, à Tessonnières, à Castres, à Albi, des membres influents du Syndicat avaient été envoyés, avec mission d'empêcher les convois de nouveaux embauchés d'arriver jusqu'à Carmaux.

J'ai vu entre autres deux Ripagériens embauchés à Carmaux. L'un, ancien secrétaire de Fédération, me disait combien les ouvriers de Carmaux avaient eu tort de laisser prendre leur place par des étrangers. Et il ajoutait : « Ah! ils n'ont pas vu quelle misère il y a à Rive-de-Gier! — Heureusement pour nous, fit le second verrier! — Que voulez-vous, Monsieur, reprit le premier en souriant tristement, et en montrant son compagnon, à connaître la faim on devient égoïste. »

Les Ripagériens arrivés à Carmaux étaient traités de « renégats » et une feuille régionale les désignait ainsi : « Toute cette racaille, abattue sur notre ville comme une bande de tard-venus, profite de la complaisance des autorités et de l'impunité qui la couvre, pour commettre toutes sortes de méfaits. »

Cependant ces Ripagériens regrettaient de voir

______

(1) C'est le nom qu'on donne aux gens de Rive-de-Gier.

leurs camarades de Carmaux ainsi abusés. Ils avaient passé, eux aussi, par ces phases d'espoirs sans fondement et de promesses menteuses. Ils demandèrent une entrevue aux Carmausins. Ce fut un député socialiste qu'ils trouvèrent, et qui essaya de les amener eux-mêmes au parti de la grève.

Cette demande fut interprétée de la façon suivante : « Le patron, le préfet, le procureur, les juges, les policiers de tout acabit ont fait de leur mieux pour le succès des projets de M. Leygues. Ils continuent leurs efforts, en se faisant aider de quelques-uns des renégats, qu'ils laissent sortir de la verrerie pour aller ici et là, dans les cafés et les domiciles privés, conseiller aux grévistes d'abandonner leurs camarades et de rentrer à l'usine, où ce bon M. Rességuier leur tend encore les bras. Les grévistes restent sourds à ces charitables sollicitations et les traitent avec le mépris qu'elles méritent. »

Au lieu de tromper ainsi les ouvriers et de les empêcher de rentrer à l'usine, où des étrangers arrivaient en nombre suffisant pour faire marcher les fours, il fallait ou permettre aux ouvriers de rentrer et faire fructifier l'idée de la verrerie aux verriers au profit de ceux que M. Rességuier chassait de son usine, ou, si l'on voulait résister jusqu'au bout, commanditer la Verrerie aux Verriers de Rive-de-Gier, qui aurait pu occuper tous

les verriers sans travail de cette ville. Mais ce n'é-
tait pas au moment où cette verrerie éteignait
l'un après l'autre tous ses fours, qu'il fallait défier
le patron de trouver des bras inemployés. C'était
là, de la part des ouvriers de Carmaux, ou plutôt
de leurs meneurs, une véritable folie.

On avait donc commencé par dire que le feu
allumé dans les fours n'était qu'un feu de paille
« pour faire de la fumée et tromper les grévistes ». Quand des « renégats » arrivèrent, — et on
ne pouvait nier ces arrivages, car toute la population avait les yeux anxieusement fixés sur la
gare, — on prétendit que c'étaient là gens fort
aptes à vider les bouteilles, mais non à les faire.
Enfin, lorsqu'on vit que des bouteilles étaient
réellement fabriquées, — et là encore il était
difficile de nier leur embarquement à la gare,
— on soutint qu'elles avaient été soufflées par
les gendarmes !

Mais voici que toutes ces explications cessent
d'avoir créance. On sait qu'il y a des ouvriers à
l'usine et même de bons ouvriers. La Direction
fait donner les chiffres de la fabrication. Les meneurs de la grève ont alors recours aux promesses
les plus illusoires. Justement, le ministère
Leygues vient d'être renversé et remplacé par le
ministère Bourgeois. « L'état de votre caisse,
dit-on aux grévistes, vous permet de ne pas mon-

trer d'impatience, ce dont profiteraient vos adversaires pour vous accabler. Les distributions de secours, qui vont être faites, vous permettront d'attendre que M. Rességuier se lasse de dépenser follement son argent; cela ne saurait tarder. » Et encore : « Prenez patience quarante-huit heures, vous verrez alors effectivement si le gouvernement, qui a presque formellement promis de faire cesser la grève, est bien digne de la confiance qu'a mise en lui tout le pays républicain. »

Aussi les grévistes que l'on rencontre vous disent-ils textuellement : « Nous ne pouvons pas perdre; nous gagnerons! Les anciens ouvriers rentreront dans l'usine pour en chasser les renégats. Si M. Rességuier se faisait trop tirer l'oreille, le gouvernement donnerait au Syndicat l'argent nécessaire pour créer une verrerie concurrente. »

Cependant trois fours étaient garnis de leur personnel recruté à Rive-de-Gier, le quatrième four, allumé depuis une dizaine de jours, allait être prêt à marcher, et les ouvriers de Carmaux ne se décidaient pas à rentrer. M. Moffre, le mardi 19 novembre, m'avait dit qu'il lui était impossible d'attendre davantage et qu'il allait partir le samedi suivant pour embaucher à Rive-de-Gier. Je fis part de cette conversation aux membres du Comité de résistance, qui ne voulurent pas la prendre au sérieux. Heureusement, le lendemain, je recevais une lettre du sympathique et distingué directeur de la *Dépêche* de Toulouse ; M. Sans me demandait en toute sincérité quelle était la situation à l'intérieur de l'usine. Je la lui indiquai très nettement et, dès le jour suivant, une lettre de M. Sans décidait le Comité à voter la reprise du travail.

On a parlé des embauchés trompés, attirés à Carmaux par surprise et par mensonge. Il ne sera pas sans utilité de raconter l'histoire entière d'un de ces malheureux soi-disant trompés par M. Moffre, lors de leur embauchage, et qui se sont empressés de faire adhésion à la cause de la grève. L'histoire est édifiante et vaut d'être rapportée.

Le 31 octobre, M. Moffre recevait du verrier Montsainjean la lettre suivante :

Pont-du-Château, le 29 octobre 1895.

Monsieur,

Sais avec chagrin que j'ai quitter Carmaux mais voyians que mes moyens ne me permetter pas de rester à rien faire je suis venue travailler avec un Oncle que j'ai à Pont du Château en attendant que vous rouvriés l'usine. Mayant aperçue que vous ralumié les fours je suis à vos ordres si vous voulez avoir la bontée de me rembauché comme ouvrier ; vous devez connaître mon travail et ma conduite, JE SUIS PRÊT A REVENIR TRAVAILLIÉ, selement se qui me cause beaucoup de tourment sais mon voyage, si sété un effet de votre bontée de menvoyiez quelques petites choses vous me feriez grand plaisir, car jai ma femme et mon enfant avec moi, en attendant de vous lire recevez Monsieur mes salutation en pressé de votre serviteur dévoué

Simon Montsainjean,

à Pont-du-Château   (Puy-de-Dôme).

Veuilliez messieurs faire attention à ma lettre et bonne accueille?

Voici la réponse du directeur de la verrerie :

Carmaux, le 31 octobre 1895.

Monsieur Montsainjean (Simon), à Pont-du-Château.

J'ai reçu votre lettre du 29 octobre. Vous devez être au courant, par les journaux, de la situation de la verrerie de Carmaux : il y a deux fours en marche, le 3 et le 5; le 6 est rallumé et marchera dans la semaine. Votre frère Pistoulet travaille, vos beaux-frères Gouin aussi, ainsi que Desmons, les Privet, Ballay, Philippe, etc., etc.

Puisque vous voulez venir, je vous envoie cinquante francs pour faire votre voyage avec votre femme et votre enfant. Je sais que vous êtes un bon ouvrier et je vous promets, si vous voulez la tenir, une *place* en *petites* au four n° 6. Soyez ici mardi ou mercredi prochain. Accusez-moi réception de ma lettre à cause de l'argent, dès l'avoir reçue, et dites-moi si je peux compter sur vous.

Veuillez agréer l'expression de mes salutations.

G. Moffre.

Montsainjean accuse réception de la somme.

Pont-du-Château, le 3 nov. 1895.

Monsieur,

Je répond de suite à votre lettre dater du 31 octobre pour vous dirent que je seré à Carmaux pour la fin de la semaine, *jai recut largent que vous mavez envoyez*, je vous remercie beaucoup.

A bientôt votre serviteur dévoué

MONTSAINJEAN Simon,
à Pont-du-Château (Puy-de-Dôme).

Montsainjean arrive le 9 à Carmaux, mais il se laisse entraîner par les grévistes. M. Moffre ne le voyant pas arriver lui envoie; à la date du 11, la lettre suivante recommandée :

Monsieur Montsainjean, à Pont-du-Château,

Vous nous avez demandé du travail, par lettre du 29 octobre; nous vous avons répondu par lettre du 31 octobre. Vous avez accepté nos conditions et, pour vous mettre en mesure de faire votre voyage, nous vous avons envoyé 50 francs. Vous n'êtes pas venu : je suis donc délié de tout engagement vis-à-vis de vous et vous préviens que si, par retour du courrier, je n'ai pas reçu les 50 francs que je vous ai envoyés, je dépose une plainte en escroquerie entre les mains de M. le procureur de la République.

Veuillez agréer, Monsieur, nos empressées salutations.

G. MOFFRE.

Pendant que la lettre du directeur de la verrerie est dirigée sur Pont-du-Château, le verrier

Montsainjean prend la parole à une séance du Comité de la grève, dont voici le compte rendu officiel :

A la réunion du mercredi 13 novembre, Gérault-Richard parle du voyage de M. Rességuier à Paris et de l'entretien que Jaurès doit avoir avec le ministre de l'intérieur.

A mains levées et à la majorité on refuse la parole à Teisseire qui est revenu au Comité après s'être fait inscrire à la Verrerie et que l'on considère comme renégat.

Baudot père demande, à cette occasion, que tous les noms des renégats soient affichés et déclare qu'il se réserve de les encadrer.

Lecture est donnée de la liste complète des renégats.

Montsainjean, à qui on demande pourquoi il est venu à Carmaux, répond : *Le patron m'a écrit de venir. En arrivant je croyais que tout le monde travaillait ici. Quand j'ai vu ce qui se passait, je n'ai pas été à l'usine et je n'irai pas.*

M. Moffre est informé de ce qui s'est passé au Comité de la grève, comme il était d'ailleurs informé de tout ce qui s'y passait, et il reçoit presque en même temps une nouvelle et dernière lettre du farouche gréviste :

Carmaux, le 14 novembre 1895.

Monsieur,

Je vous anonce mon arivé à Carmaux par la présante. Si je ne vien pas vous trouver mois même soit parseque je me suis blesser à une jambe et dans les reins au Travail que je fesait 2 jours apprès vous à voir répondu que je venait.

Et comme je suis dans linposibilité de travailler je reste

isi pour finir de me rétablir et je profite des secours que long me donne au Comité de la Grève.

Aussitôt que je serai géri vous pouvez conter sur mois.

Veuiliez me tenir cette lettre en secré car je leur et pas dit que je venait pour travailler a seul fin de toucher des secour qui me permétra de me rétablir.

Veuliez Agréé Monsieur mes respects,

MONTSAINJEAN Simon.

A cette lettre M. Moffre ne répondit pas; mais il fit prier le verrier Montsainjean d'avoir à lui rembourser l'argent avancé pour son voyage.

Comme on le voit, parmi les embauchés repentants, qui revenaient au Comité de la Grève, et prétendaient qu'ils avaient été trompés, il y en avait quelques-uns de peu convaincus.

Comment, du reste, loin de Carmaux, auraient-ils pu ignorer ce qui s'y passait, alors que tous les journaux étaient remplis du récit de ces tristes événements?

La seule chose qui eut bien fonctionné, du côté des grévistes, fut la distribution des secours pendant la suspension du travail. Cette distribution était faite d'une façon rationnelle. Elle avait été réglée par l'affiche dont nous donnons le texte :

DISTRIBUTION DE SECOURS.

Camarades,

Le Comité de défense, d'accord avec l'assemblée générale des verriers et similaires, a décidé de faire une première répartition des fonds provenant des généreuses souscriptions qui nous ont été envoyées pour soutenir la lutte contre notre affameur.

En principe, toutes les victimes de la cessation du travail ont droit à prendre part à cette répartition.

Mais, pour répondre à l'élan de solidarité et d'esprit de sacrifice qui se manifeste d'une façon si éclatante dans tout le prolétariat, le Comité fait appel à toutes les générosités. Il espère que les camarades qui ont pu se procurer du travail ou bien qui, par eux-mêmes ou par leur famille, disposent de quelques ressources, auront à cœur d'abandonner leur quote-part à la caisse de la grève.

Des listes seront dressées sur lesquelles seront inscrits les noms des camarades qui donneront une pareille preuve de dévouement.

La répartition sera faite dans les conditions suivantes :

ART. 1. — Les chefs de famille, c'est-à-dire les mariés, les femmes veuves ayant des enfants, les aînés d'orphelins ou d'enfants de père infirme, les garçons en pension vivant en dehors de leur famille, auront droit à une part.

ART. 2. — Les femmes veuves ayant des enfants qui travaillent, les garçons non chefs de famille, âgés de plus de seize ans, recevront une demi-part.

ART. 3. — Les jeunes gens au-dessus de seize ans dont le père travaille au dehors de la verrerie, les jeunes gens au-dessous de seize ans, les femmes ou filles qui travaillaient au moment de la cessation de travail, toucheront un quart de part.

ART. 4. — Tout chef de famille ayant à sa charge des enfants qui ne travaillent pas, recevra une allocation de 15 c. par franc et par tête d'enfant.

ART. 5. — Les ouvriers qui ont quitté Carmaux avec toute leur famille n'auront droit à aucun secours. Pour ceux dont la famille est encore à Carmaux, il sera attribué une demi-part à la femme, en outre de l'allocation fixée pour les enfants ne travaillant pas à la verrerie.

ART. 6. — Toutes les victimes de la cessation du travail qui désirent participer à la répartition des secours sont invitées à se présenter à la commission chargée de recevoir les inscriptions et qui siégera à la Chambre syndicale des mineurs, rue Victor-Hugo, 10, mardi 10 septembre et mercredi 11 septembre, de 8 heures à 11 heures du matin et de 2 heures à 5 heures du soir.

Chacun devra être porteur de son livret d'ouvrier, et aussi de celui du Syndicat.

A Carmaux, le 9 septembre 1895.

Pour le Comité et par ordre :

Le président, GERVIER; le secrétaire, M. GIDEL; le trésorier, M. CHARPENTIER.

A chaque distribution, qui se fit en moyenne chaque quinzaine, il fut donné environ 16.000 francs. On donnait 20 francs par chef de famille, que ce chef de famille fût souffleur, grand garçon ou gamin; puis 3 francs par tête d'enfant. Un enfant seul touchait 5 francs; et au-dessus de seize ans, 10 francs.

En plus des cinq cents verriers proprement dits qui se trouvaient en grève, il fallait compter trois cent cinquante-deux similaires, parmi lesquels cent cinquante-sept femmes (1). Voici à peu près le dénombrement de ces similaires :

(1) On appelle *similaires* les gens qui, sans fabriquer le verre, sont employés à la verrerie pour toutes sortes de manipulations.

soixante-dix pour la fonte, renfourneurs et rouleurs de charbon, neuf magasiniers ou surveillants de la fabrication, dix-huit forgerons, quinze ajusteurs, douze menuisiers, quatre pileurs de pierre, seize préposés au mélange de la composition, treize maçons ou femmes manœuvres, trois gardes, quatre charretiers, vingt hommes manœuvres, douze rouleurs de bouteilles, dix-sept receveurs de bouteilles, seize femmes pour dépoter les bouteilles, quatre empileuses, vingt-cinq terrassières, deux graveuses, vingt préposées à l'entretien de la cour, quinze affectées au chargement des wagons et vingt-sept employées à la vannerie, sous la direction d'un homme. Sur les cent quatre-vingt-quinze hommes, cent quarante étaient syndiqués. Les femmes, elles aussi, avaient formé un syndicat; mais lorsqu'elles virent qu'il leur fallait toujours verser des cotisations, elles résolurent de le dissoudre.

Un grand nombre des similaires rentra à l'usine à mesure que les fours s'allumaient. Quelques verriers osèrent même braver l'interdit du Comité de résistance. Bref, lorsque les grévistes en masse déposèrent les armes, ils n'étaient plus, verriers ou similaires, que cinq cent soixante-douze, parmi lesquels quatre-vingt-douze porteurs, c'est-à-dire des enfants. Il n'y eut donc en réalité que quatre cent quatre-vingts grévistes sur la liste de ceux qui demandèrent à reprendre le travail, liste qui fut portée à M. Moffre par Renard, Salles et Olmières.

M. Moffre leur répondit individuellement, après les avoir classés par catégories, les uns devant être immédiatement employés, les autres dans un avenir prochain, certains à une époque si indéterminée qu'on ne pouvait l'indiquer, les derniers enfin étaient froidement remerciés.

Voici, à titre de document, les quatre modèles épistolaires répondant à ces quatre cas :

Les lettres de la catégorie A sont ainsi libellées :

Monsieur,

J'ai reçu votre demande d'embauchage. J'ai l'intention de vous accepter dès la mise en marche du four 2, c'est-à-dire vers mercredi.

Je vous prie de vous présenter demain, lundi, porteur de votre livret de famille, au bureau de la verrerie, de huit heures à neuf heures du matin.

Veuillez recevoir, Monsieur, nos salutations empressées.

G. MOFFRE.

Le texte des lettres de la catégorie B est conçu comme suit :

Monsieur,

Nous avons reçu votre demande d'embauchage à notre usine de Carmaux.

Nous ne pourrons vous donner du travail au moment de la mise en train du four n° 2, mais vous pouvez compter que nous vous appellerons à nos premiers besoins.

Veuillez, etc.

Les lettres de la catégorie C sont ainsi rédigées :

Monsieur,

Nous avons reçu votre demande d'embauchage à notre usine de Carmaux.

Nous ne pouvons vous donner du travail pour le moment, et nous ne pouvons pas davantage vous dire à quelle époque il nous sera possible de vous employer.

Veuillez, etc.

Enfin voici la teneur de celles de la catégorie D :

Monsieur,

Nous avons reçu votre demande d'embauchage à notre usine de Carmaux.

Nous avons le regret de vous faire connaître que vous ne devez pas espérer faire partie, à l'avenir, de notre personnel.

, Veuillez, etc.

Nous donnons les noms des malheureux exécutés de cette dernière catégorie, au nombre de vingt-deux :

Aucouturier, Charpentier, Gidel aîné; Louis Renoux, Gidel cadet, Michon, Gaudin aîné, Gaudin jeune, Boyanique, Ricord, Soustelle, Biscons, Belin, Gardet, Renoux jeune, Geugnot aîné, Geugnot jeune, Gagne, ouvriers verriers, et Olmière, Martin, Sable, Milhau, similaires.

Devant le piteux désastre de cette grève qui devait finir, à entendre M. Jaurès, de façon triomphale, M. Yves Guyot écrivait dans le *Siècle* : « M. Jaurès, ne pouvant nier la demande de réintégration dans la verrerie par les grévistes de Carmaux, l'explique de la manière suivante : « Et « voilà pourquoi, dès hier les ouvriers de Car- « maux, pour obliger M. Rességuier à préciser le « nom et le nombre de ceux qu'il ne veut pas « reprendre, et dont la Verrerie ouvrière sera le « salut, se sont offerts tous ensemble pour la « reprise du travail.

« C'est le plan de défense qui s'accomplit. »

Cette dernière phrase rappelle « la retraite en « bon ordre » de si triste mémoire, mais en la dépassant de beaucoup. Les grévistes demandent à rentrer parce qu'ils sont à bout et qu'ils connaissent enfin la vanité de toutes les promesses faites par M. Jaurès et autres députés socialistes, de toutes les affirmations, répétées par eux, de la capitulation de M. Rességuier. Ils voient que le ministère Bourgeois n'a pas plus assuré leur triomphe que le ministère Ribot. Ils se résignent. « C'est le plan de défense qui s'accomplit», s'écrie M. Jaurès. C'est décidément une grande force que l'aplomb?»

C'est aussi une bien triste chose que l'ironie devant ce pénible spectacle!

III

APRÈS LA GRÈVE

I. — QUESTION DE LA VERRERIE OUVRIÈRE
OU DE LA VERRERIE AUX VERRIERS

Pendant que les uns, en petit nombre, réintégraient tristement l'usine avec des salaires abaissés, leurs économies envolées, aussi bien que les illusions qu'ils avaient fondées sur les paroles faciles des députés socialistes; les autres, en grand nombre, voyaient leurs places prises par des étrangers et leur existence même compromise. Pour ceux-là, on fonda une verrerie ouvrière.

Lorsque la grève de Carmaux battait son plein, Rochefort, le premier, lança l'idée d'une verrerie qui devait appartenir aux verriers, comme à Rive-de-Gier, ajoutait-il. Hélas! Rive-de-Gier était d'un décourageant exemple, et l'appel de Rochefort n'eut aucun écho. Où pouvait-on, du reste, trouver le capital suffisant pour » monter » une verrerie capable de rivaliser avec la verrerie de M. Rességuier? Personne ne crut à la possibilité de l'entreprise.

Mais voilà que tout change d'un coup, et que Mme Dembourg donne cent mille francs au directeur de l'*Intransigeant* pour cette œuvre philanthropique. Cet exemple ne va-t-il pas être suivi? Déjà un député de Seine-et-Oise, agent de change ·radical-socialiste, apporte à son tour quelques milliers de francs, on annonce des versements nouveaux, l'espoir renaît, l'idée de la verrerie coopérative est acceptée, acclamée. La *Petite République* annonce solennellement qu'« il ne reste plus qu'à recueillir les fonds qui sont prêts ».

Cependant, il ne s'agit pas seulement de créer la verrerie, — c'est la tâche la plus aisée, — il faut assurer son avenir et l'écoulement de ses produits. Peut-être M. Jaurès, peu familiarisé avec les questions industrielles, et très ennuyé du reste de la tournure qu'ont prise les événements de Carmaux, n'est-il pas fâché de partager avec d'autres une aussi lourde responsabilité. Bref, il fait appel à tous les gens de bonne volonté, il réunit autour de son œuvre toutes les coopératives de consommation, tous les groupes syndicaux et révolutionnaires de Paris, tout ce qu'en termes pompeux l'on nomme le prolétariat : et le prolétariat sera le patron de la nouvelle verrerie, c'est sous sa responsabilité qu'elle sera construite, sous son contrôle qu'elle sera gérée. Ce ne sera plus une verrerie *aux verriers*, ce sera une verrerie *ouvrière*.

Mais la nouvelle création du prolétariat étant sous la direction des groupes parisiens, et les groupes parisiens étant foncièrement Allemanistes, les Guesdistes s'insurgent. Ils se refusent à accepter l'idée de cette verrerie ouvrière « érigée à la honte du prolétariat », où les ouvriers seront exploités par d'autres ouvriers qui viendront accaparer le bénéfice de leur travail. C'est la négation même de leur chère formule : « A chacun le produit intégral de son travail. » Ils circonviennent le directeur de l'*Intransigeant*, qui finit par se laisser convaincre et abandonne Jaurès et ses syndicats. Le citoyen Valéry s'écrie, à la salle Barrat : « Je suis autorisé à déclarer que Henri Rochefort refuse absolument de verser à la verrerie ouvrière les 100.000 frances qu'il a reçus pour la verrerie de Carmaux. Il ne remettra cette somme aux verriers qu'à la condition que ceux-ci en disposent librement, sans immixtion des autres corporations dans leurs affaires. En un mot, nous triomphons; Rochefort opte pour la verrerie aux verriers. »

Cette communication est accueillie avec enthousiasme et le « comité d'union » décide aussitôt d'offrir ses services aux grévistes pour la constitution de la « verrerie aux verriers ». Voici la lettre qui est aussitôt envoyée au secrétaire du comité de la grève à Carmaux :

Je suis chargé de vous faire connaître, en vous priant de le porter à la connaissance de tous les ouvriers verriers de Carmaux, que les organisations socialistes centrales de Paris, Agglomération parisienne du parti ouvrier français, Ligue intransigeante socialiste, Comité central socialiste révolutionnaire, Fédération républicaine socialiste de la Seine, Fédération nationale des syndicats et groupes corporatifs de France (392 syndicats en province et un grand nombre à Paris), ont formé un comité d'union pour réclamer la « Verrerie aux verriers », uniquement administrée par les verriers de Carmaux eux-mêmes, sans immixtion dans le conseil d'administration d'aucun citoyen pris en dehors d'eux, laissant aux verriers de Carmaux la libre disposition des bénéfices, sachant d'avance que leur honnêteté et leurs principes socialistes leur en dicteront un noble emploi.

Le Comité d'union est disposé à mener une vive campagne et à faire tous les efforts nécessaires pour joindre aux cent mille francs de Henri Rochefort, destinés à la verrerie aux verriers, d'autres capitaux importants permettant de compléter cette œuvre.

Le Comité se tient à votre disposition, pour vous aider dans ces conditions et, le jour où vous aurez jugé que sa manière de voir est la bonne, il fera appel à toutes les forces socialistes sincères de France pour faire triompher enfin votre cause.

Le Comité est absolument décidé à ne rien abandonner des revendications qu'il a formulées pour vous et que je vous ai signalées plus haut.

Rochefort lui-même se mit à traiter dans son journal, d'une façon plutôt désobligeante, les Allemanistes :

Je vois, écrivait-il, que dans des réunions auxquelles je n'ai pas été convoqué, et à la suite de délibérations dans lesquelles je n'ai pas été consulté, un groupe de possibilistes, plus remuant que nombreux, a commencé par déclarer que la somme de 100.000 francs dont j'avais la disposition, devait servir à la grève générale et à la propagande, c'est-à-dire peut-être à l'achat de nouvelles cannes plombées, les anciennes étant hors d'usage.

Les syndicats possibilistes avaient donc pris la résolution énergique de m'exclure du comité d'organisation de la Verrerie ouvrière, ainsi que les groupes politiques. Cependant, par une condescendance réellement touchante, tout en me laissant, mes amis et moi, battre la semelle à la porte, ils daignaient accepter nos 100.000 francs.

Ils avaient habilement fixé à 500.000 francs le capital de la Société, qui, le quart en ayant été versé, se trouvait en mesure de fonctionner immédiatement; seulement, les moyens qu'ils avaient imaginés pour trouver les 400.000 francs restant à parfaire étaient étranges : ils se disaient sûrs d'y arriver en faisant payer vingt centimes d'entrée dans toutes les réunions publiques. Ils avaient encore des lots avec des tirages intermittents, et enfin une émission d'actions que, naturellement, tout en apportant le quart du capital, je n'aurais pas plus le droit de contrôler que le reste.

Les braves et confiants verriers du Tarn adhérèrent au début aux statuts de cette société, qui n'en devenait une, qu'à la condition de leur prendre leurs 100.000 francs, pour les faire entrer dans la caisse. Eh bien, je leur affirme, ici, que demain je les leur envoie par l'entremise de la Banque de France où ils sont déposés, et que, dans leur probité et leur candeur, s'ils les versent à leur tour dans la caisse de la société projetée, ils ne les reverront pas plus qu'ils ne verront les 400.000 francs qu'on fait miroiter à leurs yeux troublés.

Ces promesses étaient évidemment si chimériques, qu'un nombre toujours croissant de socialistes sincères, et qui ont d'autres arguments que des cannes plombées, viennent me rendre visite tous les jours pour me supplier de sauver les ouvriers de Carmaux du piège où ils semblent près de tomber.

J'ai eu le premier la pensée de répondre aux menaces du contrefacteur Rességuier, par une concurrence qui ferait des grévistes les égaux de leur ancien patron. C'est à ce but que nous devons tendre et c'est pour ce résultat qu'il nous faut concentrer toutes nos forces. Mais, amasser 100.000 francs pour arracher à la faim la population ouvrière de Carmaux et les voir servir aux élections des anciens souteneurs de Constans, ma foi non !

Malgré ces vives attaques, les partisans de la verrerie ouvrière ne se décourageaient pas. Ils louaient, au prix de 2.800 francs, un local situé, au fond de la cour, 110, rue Vieille-du-Temple, préparaient la lutte d'accord avec les Sociétés coopératives, qu'entraînait à sa suite l'*Égalitaire*, coopérative révolutionnaire, et, le dimanche 24 novembre, les statuts étaient votés.

En voici le sens général :

Le capital initial serait de 500.000 francs,

somme indiquée comme suffisante par les verriers de Carmaux ; et il serait divisé en 5.000 actions de 100 francs.

Pour réunir ce capital, dont les verriers possédaient déjà le cinquième, une émission d'actions était faite dans le courant de janvier.

Pour les dividendes, la loi créait une grosse difficulté. Toute société licite doit être créée en vue de faire des bénéfices, *qui doivent être partagés*. Il faut donc que les actionnaires recouvrent des dividendes ; mais, pour parer à cet inconvénient, qui aurait fait des groupes syndicaux de Paris et des sociétés coopératives autant d'agents capitalistes, prélevant leur dîme sur le travail des verriers de Carmaux, on n'admit que le concours de syndicats et de coopératives, qui s'engageaient à mettre en commun leurs dividendes, pour les affecter à la défense de la cause révolutionnaire.

Les souscripteurs à une action devaient verser 25 francs en souscrivant et le reste au premier appel.

Les actions étaient nominatives et transmissibles, à un prix invariable de 100 francs, mais seulement d'un syndicat à un syndicat ou d'une coopérative à une coopérative, pour empêcher les syndicats de prendre une influence prépondérante sur les coopératives, et réciproquement.

La Société devait être informée de ces transferts et conserver en tout cas le droit de préemption.

Le conseil d'administration était composé de neuf membres, dont six au moins appartenant au syndicat des verriers et à la verrerie nouvelle. La durée du mandat était de trois ans, et le conseil renouvelable par tiers tous les ans.

Par exception, la durée du premier conseil d'administration n'était que de six mois. Chaque semestre, un état de la situation active et passive de la Société devait être publié.

Les bénéfices réalisés devaient être partagés dans la proportion suivante : 20 % au fonds de réserve, qui pourrait s'élever jusqu'à concurrence de la moitié du capital. Sur le reliquat net, pouvant représenter les bénéfices disponibles, il devait être alloué 60 % aux actionnaires à titre de dividende, et 40 % au personnel (caisses de retraites, de secours, etc.).

Enfin il était décidé que les actionnaires auraient une voix par dizaine d'actions, mais avec cette réserve que, quel que fût le nombre des actions, celui des voix ne dépasserait pas dix. C'est ainsi que le syndicat des verriers de Carmaux, qui plus tard devait détenir près du tiers des actions, ne devait disposer pourtant que de dix voix en assemblée générale.

Les Carmausins, ajoutait pompeusement le

rapport, voulaient, par ces dispositions, affirmer leur désir de n'être que les dépositaires de l'usine prolétarienne.

Ainsi M. Jaurès et les ouvriers de Carmaux s'en remettaient complètement aux groupes allemanistes et aux sociétés coopératives du soin de fonder et d'entretenir leur verrerie. Les 100.000 francs que Rochefort leur avait portés, les verriers les remettraient au comité d'action de la rue Vieille-du-Temple, et Rochefort était chassé de l'organisation et vilipendé par les organisateurs. Le député guesdiste M. Chauvin était forcé de se soumettre, et avec lui les Guesdistes recevaient l'aman de M. Allemane, qui écrivait dans son journal :

Mieux placé que ses coreligionnaires pour juger le mauvais effet de leur campagne contre la « Verrerie ouvrière », et s'apercevant, un peu tard, de leur impuissance vis-à-vis des travailleurs conscients, le citoyen Chauvin, — un de ceux qui n'ont pas eu trop à se plaindre du parti ouvrier socialiste révolutionnaire, — a engagé les membres de sa fraction à abandonner leur besogne d'obstruction et de calomnies. C'est bien.

Quant à ses réserves vis-à-vis de la coopération de production, elles font depuis longtemps partie du bagage socialiste. Puisse sa communication réparer le mal déjà fait à la modeste mais très louable entreprise des Sociétés de consommation et des Syndicats ouvriers, en faveur des verriers de Carmaux.

Nous constatons que le Conseil national marxiste a suivi le mouvement, et que le Comité de la rue Chapon a vécu.

En enregistrant ce résultat, nous ne pouvons nous défendre de faire remarquer aux travailleurs que, chaque fois qu'ils le voudront, ils forceront les plus malintentionnés à se rallier à leur façon de voir, si, préalablement, ils se sont assurés d'avoir pour eux la logique et la justice.

J. A.

Le Conseil national de la Fédération des syndicats, dont on connaît les attaches guesdistes, se soumettait à son tour et envoyait l'adresse suivante :

Camarades,

Vous connaissez la dernière phase de la lutte soutenue si courageusement par les ouvriers verriers de Carmaux. Il s'agit de remporter quand même une victoire qui assure à nos amis le respect des droits politiques, qu'ils défendent, et aussi la défense de leurs intérêts corporatifs.

Pour cela, l'idée d'une verrerie ouvrière a été acclamée, et, si nous pouvions nous étonner qu'alors qu'on s'adressait spécialement à l'organisation syndicale et corporative on ait systématiquement oublié l'organisation nationale des syndicats de France, que nous représentons au nom de près de quatre cents syndicats ayant adhéré au congrès de Troyes, nous pensons qu'il faut avant tout considérer l'œuvre utile à accomplir.

Certes, nous aurions préféré qu'à l'origine, pour la constitution de la verrerie de Carmaux, toutes les organisations fussent plus largement convoquées, puisque toutes elles avaient répondu à l'appel des affamés de Carmaux, mais l'œuvre à faire est trop grande et la lutte engagée contre le grand patronat trop pressante, pour que nous nous arrêtions même à de justes susceptibilités.

Les verriers de Carmaux ayant accepté l'organisation qui leur est proposée, notre devoir aujourd'hui est d'en hâter le plus possible la réalisation. Nous invitons donc nos camarades à prendre une part très large à la souscription ouvrière. En retour des sommes recueillies par elle, chaque organisation recevra une somme égale d'actions libérées de la Verrerie.

Il importe que le prolétariat tout entier aide les verriers de Carmaux dans la dernière période de la lutte engagée, comme il les a aidés jusqu'ici, avec un élan et une unanimité admirables, dont les exploiteurs garderont longtemps le souvenir; et, pour cela, nous comptons sur le bon concours de tous les syndicats adhérents à la Fédération nationale des syndicats de France.

Le Conseil national :

E. PÉDRON, *secrétaire général;* CORGERON, *vice-secrétaire;* J. GRÉE, *trésorier;* THIRIOT, *vice-trésorier;* KIEFFER, PHILBOIS, MAITRE, MAROILLIER, MITIS, VICTOR, *conseillers.*

Et malgré ces soumissions tardives et faites à contre-cœur, M. Chauvin, ses Guesdistes et sa Fédération restaient à la porte du comité d'organisation.

Et M. Allemane triomphait dans le *Parti ouvrier*, et M. Jaurès essayait d'expliquer sa conduite dans la *Petite République :*

L'insuccès presque certain de toutes les Sociétés coopératives de production, écrivait M. Allemane, ne manquera pas de fournir à la bourgeoisie une preuve écrasante, l'occasion de montrer combien le collectivisme est vide, impuissant et impraticable. Sur les 45 Sociétés coopératives que le gouvernement français avait subventionnées en 1849, toutes ont fait faillite, à l'exception d'une seule, celle des lunetiers, laquelle aujourd'hui s'étant adaptée au milieu capitaliste, exploite ses ouvriers comme les autres industriels. Et cependant, en 1849, les conditions étaient bien plus favorables qu'aujourd'hui, car le machinisme et la concentration des capitaux n'avaient pas encore les proportions redoutables qu'ils ont atteintes de nos jours.

Ainsi, dans le domaine économique, la coopération ouvrière paraît définitivement condamnée; les socialistes en ont reconnu depuis longtemps l'inanité et l'impuissance.

Mais, si l'on examine la coopération au point de vue politique, il en est peut-être autrement : l'exemple donné par la Belgique est assez intéressant et instructif à cet égard.

Les premiers essais qu'on y a faits de la coopération dans le domaine économique ont échoué, ou n'ont donné que des résultats peu importants : la politique en était rigoureusement bannie. Au contraire, la coopérative « Vooruit » de Gand, la Maison du Peuple de Bruxelles, et autres Sociétés coopératives calquées sur le même type, se trouvent dans une situation prospère. L'esprit politique y domine, et la lutte de classes y est soutenue dans sa vérité. C'est pourquoi la bourgeoisie, qui avait d'abord regardé d'un œil bienveillant le mouvement coopératif, s'en est détournée et l'a combattu avec acharnement, dès qu'elle s'est aperçue de son véritable caractère.

Si le « Vooruit » a pu résister aux attaques du capitalisme et sortir vainqueur de la lutte, il le doit à l'esprit politique, aux tendances socialistes qui dominaient parmi les prolétaires, leur donnaient la conscience des intérêts de leur classe et des devoirs qui leur sont imposés.

C'est à ce moment, écrit Anseele, que nous avons compris que le but de la coopération n'était pas d'engendrer ou de réveiller des sentiments égoïstes, mais de persuader les prolétaires de la nécessité des réformes sociales et de la transformation de la société dans un sens socialiste. Si, dans la lutte, nous avons pu garder la plupart des membres de la coopérative, c'est qu'elle avait un caractère franchement socialiste, sans que les petits bénéfices qu'on y trouvait pussent l'altérer.

Il n'y a pas de doute que les coopératives ont été en Belgique un des appuis les plus puissants du mouvement socialiste, mais ces Sociétés, où la conscience de classe, le sentiment de solidarité et le dévouement étaient si prononcés, n'étaient plus les coopératives rêvées par les réformateurs et les philanthropes de la bourgeoisie ; elles n'étaient qu'un moyen, parmi tant d'autres, pour préparer l'émancipation du prolétariat, quoiqu'elles ne puissent amener la solution de la question sociale.

Or, c'est dans cet esprit que la verrerie ouvrière de Carmaux a été fondée.

Il en sera de la coopération ce que Thiers disait de la République, et dont nous paraphrasons les paroles : « La coopération sera socialiste ou elle ne sera pas ».

Voici maintenant les explications de M. Jaurès :

Pour moi, après avoir eu la certitude que les statuts contenaient les garanties de bien-être et de liberté auxquelles les verriers de Carmaux avaient droit, je leur ai conseillé d'adopter ces statuts et d'adhérer à l'idée de la Verrerie ouvrière.

Je m'y suis décidé par trois raisons : la première, c'est que les verriers eux-mêmes, dans des ordres du jour répétés, avaient indiqué, en termes exprès, qu'ils n'entendaient pas s'arroger la propriété exclusive et le bénéfice exclusif du capital que leur remettrait la France ouvrière.

La seconde, c'est que les coopératives surtout n'entendaient donner leur concours à l'œuvre nouvelle qu'à cette condition. Précisément parce qu'elles sont coopératives, elles ne veulent pas être soupçonnées de réduire leur idéal social à la coopération pure et simple, et elles désirent que l'institution de la verrerie, qui va résumer toute une longue et glorieuse lutte du prolétariat, soit marquée d'un caractère socialiste évident. De ce vœu si noble.nous devions d'autant plus tenir compte que les coopératives seront une des forces de l'entreprise nouvelle. Elles lui apporteront d'emblée beaucoup d'argent, et, de plus, rien que par les trois cent mille coopérateurs qui, dans le département de la Seine, s'approvisionnent de vin au détail, une large clientèle est assurée à la Verrerie.

Enfin, pourquoi ne le dirais-je pas? je reste convaincu que ce sont les idées les plus grandes qui sont souvent les plus pratiques, car elles émeuvent les volontés, enflamment les esprits d'une généreuse ardeur et multiplient les dévouements.

Or, à cette heure et tant que le régime capitaliste n'est pas aboli jusque dans son principe même, il n'y a pas d'idée plus grande que celle de constituer une usine ouvrière dont les actionnaires seront tous les groupements ouvriers du pays. L'assemblée générale des actionnaires de la Verrerie ouvrière sera en même temps l'assemblée générale du prolétariat, et comme ces actionnaires d'un nouveau genre emploieront les dividendes à une œuvre d'intérêt général, le principe de la propriété commune des travailleurs et de la solidarité ouvrière sera affirmé avec éclat.

Aussi les verriers de Carmaux n'ont pas hésité à entrer dans cette conception et ils sont résolus à s'y tenir.

D'où sont donc venues, depuis une semaine, les difficultés? Elles sont venues de rivalités persistantes des groupements parisiens.

Plusieurs des syndicats qui ont pris à Paris l'initiative des convocations étant allemanistes, d'autres groupements ont témoigné de la méfiance.

Je ne suis suspect en aucune manière d'une tendresse spéciale pour un groupement qui nous a souvent soupçonnés et attaqués, Millerand et moi. Mais il ne suffit vraiment pas qu'il ait part à une œuvre, d'ailleurs bonne, pour que cette œuvre doive être rejetée, quand toutes les garanties nécessaires sont offertes aux autres groupements. Or, comme chaque syndicat pourra concourir à la souscription ouvrière et être représenté à l'assemblée générale, personne ne sera dupe, et le droit de tous est pleinement réservé.

. . . .

Dès maintenant, le mécanisme pour la réalisation des fonds est trouvé. Nous nous sommes souvenus qu'une partie notable des fonds, qui avaient été souscrits pour les verriers, avait été procurée par des réunions payantes. Il suffit d'étendre et de régulariser le système. Il sera donc émis pour quatre cent mille francs de billets, à quatre sous le billet; et ces billets seront comme des billets d'abonnement donnant aux porteurs le droit d'assister, sans payer, à toutes les réunions payantes qui pourront être organisées dans une période donnée par les syndicats et les coopératives ou par les élus qu'elles appelleront

Dès lors, toute la jurisprudence et tous les précédents nous permettront de distribuer ensuite, les billets étant numérotés, un certain nombre de lots en nature, qui seront pour quelques ménages ouvriers comme un souvenir de la grande lutte soutenue par le prolétariat.

Enfin, si le placement des billets ne suffisait pas, il serait procédé, dès le 15 janvier prochain, à une émission d'actions de 100 francs. Et comme les fonds déjà reçus par les verriers permettent de commencer les travaux tout de suite, la Verrerie sera bientôt une réalité.

Mais il est intéressant de connaître l'opinion des membres mêmes du comité d'action. L'un d'eux, M. Fernand Pelloutier, l'a excellemment résumée dans un article des *Temps Nouveaux*, à la date du 2 janvier 1896.

On s'expliquera aisément, dit M. Pelloutier, la diversité des opinions suggérées par l'œuvre de la verrerie ouvrière de Carmaux, si l'on observe que le Comité chargé de l'accomplir n'a lui-même que depuis peu la conscience nette de son rôle. Pendant plusieurs semaines, il a eu tant d'obstacles à vaincre, tant de surprises à déjouer et (pourquoi ne pas dire ce que tout le monde soupçonne?) tant d'indélicates manœuvres à éviter, que, ne sachant si ses efforts aboutiraient à un résultat heureux, ni même si les trahisons de la politique ne l'obligeraient pas un jour ou l'autre à se dissoudre, il ne put initier le public à son programme, exposer son but, faire connaître ses moyens d'action. Comme en outre les verriers de Carmaux, sans dénoncer d'ailleurs aucune des promesses faites par eux, évitaient de se prononcer catégoriquement entre le Comité et l'extraordinaire mandataire de Mme Dembourg, le moment vint où l'opinion publique n'eut plus la moindre idée de l'œuvre pour l'accomplissement de laquelle on réclamait son concours.

. . . .

Le Comité, en prenant à tâche d'affranchir les verriers de l'exploitation patronale par l'édification d'une Verrerie ouvrière, avait à résoudre cette première question : *La Verrerie sera-t-elle une application nouvelle du système coopératif*, autrement dit : *Les verriers en seront-ils les propriétaires et, par conséquent, les bénéficiaires?*

Sur ce point il n'y eut et il ne pouvait pas y avoir l'ombre d'une hésitation. Le Comité se trouvait composé à la fois d'hommes hostiles à la coopération, parce qu'ils savent qu'en la société présente les améliorations, ne pouvant être que partielles, créent dans le prolétariat une hiérarchie de misère, et que si, par impossible, tout le monde (le système capitaliste subsistant) devenait coopérateur, l'amélioration générale produite par la diminution du prix des choses serait immédiatement neutralisée par un abaissement correspondant du taux des salaires; le Comité comptait, d'autre

part, des coopérateurs demeurés convaincus que l'appétit
de lucre inspiré par la coopération est un obstacle à la
solution révolutionnaire du problème social. Il déclara
donc dès la première heure, et, pour ainsi dire, sans débats, que la future usine de Carmaux ne serait pas une entreprise coopérative, au sens commun du terme. Il aurait
été d'ailleurs surprenant que les négateurs du droit de
propriété s'employassent à créer un groupe de propriétaires
qui, à ce titre, auraient eu des intérêts différents de ceux
de leurs anciens compagnons de labeur.

Le Comité résolut donc d'abord de faire de la Verrerie
une propriété collective, indivisible et, si ses opérations lui
assuraient l'existence, inaliénable. Mais quelle rémunération recevraient les hommes chargés de l'exploiter? Fallait-
il et pouvait-on leur appliquer la formule : *A chacun le produit intégral de son travail?* On le pouvait, sans doute,
mais alors on créait un groupe de travailleurs privilégiés,
que l'élévation de leur gain rapprocherait autant de la
classe bourgeoise qu'elle les éloignerait de la classe ouvrière; par suite, on supprimait fatalement un certain
nombre d'unités révolutionnaires et (nul ne gagnant qu'un
autre ne perde) on aggravait la misère du prolétariat.
Alors?... Alors il fallait concilier tout ensemble l'interdiction de créer des privilégiés et l'obligation de montrer à
la classe bourgeoise que les ennemis du parasitisme savent
honorer le travail en lui attribuant la plus haute rémunération compatible avec les exigences économiques; et c'est
ce que fit le Comité en fixant la rémunération du travail
des verriers au taux des salaires les plus élevés de l'industrie verrière.

A qui donc ou à quoi seraient affectés les bénéfices de
l'exploitation? Iraient-ils grossir l'épargne des actionnaires? Non, car si la crainte d'affaiblir le sentiment révolutionnaire des verriers conduisait le Comité à les frustrer
de ces bénéfices, eux qui, en principe, devaient en être les
seuls propriétaires, à plus forte raison son refus d'admet-

tre la rente de l'argent devait-il le conduire à refuser au capital la plus minime part des dividendes. La question ne comportait qu'une solution. Comme la Verrerie elle-même, les bénéfices réalisés devaient constituer une propriété collective et, par conséquent, ne pouvaient être affectés qu'à une œuvre collective, d'intérêt évidemment révolutionnaire, et déterminée, non pas par tels ou tels individus, mais par l'ensemble des propriétaires de l'usine.

C'est ici surtout qu'un conflit était à craindre entre les hommes, divers de tempérament et de doctrines, qui composaient le Comité. Il y avait en nombre à peu près égal des partisans et des adversaires également résolus de l'action politique, et en plus grand nombre des ouvriers qui, sans être hostiles à l'action électorale, ont cessé de croire à la possibilité de la révolution sociale par la conquête systématique du pouvoir et ne considèrent les périodes de scrutin que parce qu'elles permettent de placarder des affiches sans timbre et d'organiser des réunions sans frais. Qu'allait entendre le Comité par œuvre d'intérêt révolutionnaire?

Or, dès le début des discussions engagées à ce sujet, les partisans de l'action politique acquirent la conviction (et ce fut pour certains d'entre eux une leçon sérieuse) que personne n'admettrait comme œuvre révolutionnaire la participation aux luttes électorales et ne songerait, par conséquent, à y affecter une part des dividendes de la Verrerie. A la surprise générale, les sociétés coopératives elles-mêmes déclarèrent que leur concours, comme commanditaires et comme clientes des verriers, restait subordonné à la « condition que les bénéfices éventuels ne pussent en aucun cas, sous aucun prétexte, servir à *fabriquer des députés* ». Dès lors l'élément politicien du Comité avait cause perdue. De l'assentiment même de Jaurès, obligé de faire à mauvaise fortune bon cœur, il fut convenu que « les dividendes seraient consacrés à une œuvre générale d'intérêt *économique* et social déterminée par l'ensemble des organes intéressés ».

Ceci admis, il ne restait plus qu'à assurer la liberté et

la protection des verriers : devoir important puisque, faute d'être connu, bien qu'accompli, des amis libertaires ont fait au Comité le grief prématuré de despotisme. Le Comité entendait prouver à l'opinion publique qu'en se déclarant « propriétaire » de l'usine projetée, le prolétariat ne songeait pas à affranchir les verriers d'un joug pour leur en imposer un plus insupportable encore. Il voulait, en outre, que, dans l'intervalle des assemblées générales, les verriers fussent protégés contre l'arbitraire possible des hauts employés de l'usine. Il arrêta donc : 1° que directeur et ingénieurs seraient choisis par les ouvriers eux-mêmes ; 2° que le droit de renvoi n'appartiendrait qu'au conseil d'administration ; 3° que ce conseil, fixé à neuf membres, serait composé de six membres choisis par les ouvriers parmi les verriers appartenant à la Fédération nationale, et de trois délégués de syndicats et de sociétés coopératives actionnaires nommés par l'assemblée générale ; 4° qu'enfin le renvoi par décision du conseil d'administration serait toujours susceptible d'appel devant l'assemblée générale. Peut-on dire, après cela, que les ouvriers de Carmaux n'aient secoué l'exploitation individuelle que pour subir l'exploitation collective ?

Ces divers points réglés, le Comité avait à résoudre une seconde question, aussi grave d'ailleurs que la première, puisqu'elle devait en constituer la sanction : *Par quel moyen pouvait-on faire appel à toutes les épargnes sans permettre l'entrée dans le sein de la société d'hommes ou de groupes capables de modifier les statuts dans un esprit contraire à celui des associations ouvrières fondatrices de la Verrerie ?*

On conçoit la difficulté qu'il y avait à résoudre ce problème, puisque chacun de ses termes violait la loi de 1867 sur les sociétés. Néanmoins, et après bien des études, le Comité imagina le moyen suivant : ouverture d'une souscription par tickets de 20 centimes, ces tickets donnant à tous les porteurs indistinctement les avantages du billet ordinaire de tombola, mais ne pouvant être convertis en une valeur égale d'actions libérées de la Verrerie qu'au nom de syndicats ou de sociétés coopératives qui s'engageraient à abandonner leur part des dividendes au profit de l'œuvre d'intérêt économique arrêtée par les statuts.

Par ce moyen le Comité, tout en ne repoussant aucun appui, sollicitait surtout la solidarité ouvrière, qu'une émission d'actions aurait écartée, et assurait son œuvre contre la mainmise du capital individuel.

Cette précaution ne parut pas encore suffisante. Comme les sociétés ouvrières (syndicales et coopératives) se renouvellent constamment et que, par suite, l'engagement pris par les fondateurs de la Verrerie de n'employer les dividendes qu'à une œuvre d'intérêt économique collectivement déterminée pourrait dans l'avenir être violé par leurs successeurs, cet engagement fut inscrit non pas dans les statuts toujours revisables, mais au frontispice du statut en général, comme une convention souveraine et définitive. De plus, et dans la crainte que les trafics d'actions pussent un jour éliminer soit les syndicats au profit des coopératives, soit les coopératives au profit des syndicats, le Comité décida que la vente des actions n'aurait jamais lieu que de syndicat à syndicat et de coopérative à coopérative.

Nous avons tenu à reproduire presque en entier cet article, qui emploie une grande force de logique à justifier la façon d'agir du Comité.

On voit que chacun semblait satisfait de la tournure qu'avait prise l'affaire, M. Allemane, M. Jaurès, M. Pelloutier. Les Guesdistes eux-mêmes se soumettaient et acceptaient la chose faite. Seul peut-être M. Rochefort ne devait pas être content. Initiateur de l'idée, fondateur de la verrerie, grâce au don magnifique qu'il avait su obtenir pour les verriers de Carmaux, il « battait la semelle à la porte », suivant sa pittoresque expression.

II. — LA VERRERIE AUX VERRIERS

Si l'on veut se rendre compte des chances de réussite que peut avoir une entreprise aussi importante que celle d'une verrerie aux mains des ouvriers verriers eux-mêmes, il faut étudier les entreprises de ce genre qui déjà existent ou ont existé. La plus célèbre, celle de Rive-de-Gier, a fait une chute lamentable, et nous dirons les raisons de sa catastrophe; une autre, beaucoup plus modeste, presque universellement ignorée, a vu l'avenir s'éclaircir et sa prospérité croître de jour en jour. Heureuses les verreries qui n'ont pas d'histoire!

L'établissement de Rive-de-Gier n'était pas, à proprement parler, une verrerie aux verriers; c'était une verrerie mixte, d'où le patronat ne se trouvait pas définitivement banni : il y subsistait en la personne de deux administrateurs bourgeois, MM. Julliard et Micol, qui faisaient excellent ménage avec deux administrateurs ouvriers, nommés par les verriers, MM. Vinay et Bonnet.

Comment cette verrerie en était-elle arrivée à ce régime bâtard? je vais brièvement le raconter.

En 1885, la verrerie de la « Société des Verreries de la Loire et du Rhône », d'où sortaient par millions chaque année les bouteilles de la Grande-Chartreuse, entrait en liquidation. Terrain, constructions et outillage étaient vendus pour le prix de 81.000 francs à MM. Jacquet, Julliard et Micol, qui, étant complètement étrangers à l'industrie du verre, durent s'adjoindre un spécialiste, M. Mille, maître-verrier à Vernaison.

Ils constituèrent alors une Société anonyme, au capital de 300.000 francs, représenté par des actions d'apport, dont chacune était de 500 francs. Un fonds de roulement, également de 300.000 francs, était en même temps créé au moyen d'un emprunt garanti par une hypothèque sur le terrain, les bâtiments et le matériel de la verrerie.

La Société, ainsi constituée, marchait depuis longtemps déjà, avec des fortunes diverses, lorsque, dans les premiers mois de 1894, M. Julliard et Micol, pour se libérer des 81.000 francs, qu'ils devaient à la liquidation de la précédente Société, offrirent de vendre une partie de leurs actions aux ouvriers verriers. Comme on se trouvait en ce moment dans la période la plus aiguë et la plus inquiétante de la grève des verreries Richarme, les ouvriers s'empressèrent de profiter de ces offres, convaincus que cette occurrence était des plus favorables pour conquérir leur émancipation économique.

La grève des verreries Richarme est une des plus importantes que nous puissions étudier ; mais comme de longs développements nous entraîneraient trop loin de notre sujet, nous devons nous contenter d'en donner un rapide historique.

La verrerie Richarme, plus récemment nommée verrerie Dériard (1), est la plus belle et la plus moderne des verreries que nous ayons vues en France. Elle avait, au commencement de 1894, quatre fours allumés, et chaque four avait 14 ouvreaux. Il se trouvait donc à cette usine *cent soixante-huit places d'ouvriers verriers,* sans tenir compte des brigades de relais.

Le syndicat des ouvriers était puissant, et il s'était empressé de profiter de sa puissance pour... « rendre la vie impossible au patron ». C'étaient à tout instant des défis portés aux contremaîtres. Journellement, des ouvriers, qui donnaient des sujets de mécontentement, leur tenaient ce langage symptomatique : « Vous nous renverriez bien, si vous l'osiez ; mais vous savez trop bien qu'alors *tous les outils tomberaient.*

Le prétexte de la rupture, — car je ne crois pas trop m'avancer, en disant que le patron

____

(1) M. Dériard est le neveu et le successeur de M. Richarme, fondateur de la verrerie.

souhaitait la rupture pour se soustraire à la tyrannie syndicale, — le prétexte, dis-je, fut l'admission dans l'usine d'un ouvrier non syndiqué, du nom de Darçon, que les verriers ne voulaient pas admettre à travailler avec eux, parce qu'il n'était pas syndiqué. Darçon était *arrangeur*. Le syndicat décida qu'à la première occasion où ce Darçon serait employé à l'usine, toute la brigade déserterait et la grève serait déclarée. Le syndicat, trop fier de son autorité, espérait ainsi faire plier le patron. Il ne croyait pas à la moindre résistance.

D'autre part, je dois ajouter que, dans une grève précédente, le patron avait admis de n'accepter à son usine que les ouvriers dont l'acceptation ne serait pas contestée par le syndicat. J'ai déjà montré que, dans l'industrie verrière, il y a grand intérêt pour un patron à être d'accord avec son syndicat, et à accepter même des conditions qui semblent porter atteinte à son autorité, mais qui sont en réalité des garanties d'un bon travail et d'une entente féconde entre les deux parties. La verrerie peut difficilement être comparée à un autre genre d'industrie; le travail se fait à la tâche, et seul le travail réussi est payé; il importe donc assez peu qu'il soit fait dans telles ou telles conditions, et le patron n'a qu'à s'occuper du résultat obtenu.

Les ouvriers ne voulaient pas travailler avec Darçon, qui était brutal et querelleur. Ils le soupçonnaient d'appartenir à la police, et ils lui reprochaient d'avoir été placé là pour être l'agent provocateur de la grève. Par la suite, les événements prouvèrent que c'était un piètre sire. Pourquoi alors maintenir ce Darçon, contre le gré des ouvriers?

Le 16 mars 1894, à quatre heures et demie du matin, un arrangeur syndiqué se dit malade et manqua à son poste. (Il a avoué depuis que le sort l'avait désigné pour cela.) Il fut remplacé par Darçon, et suivant le mot d'ordre, la brigade entière se retira.

Ce fut le commencement d'une grève qui ne se termina que le 20 septembre 1894. A cette date, un seul four fut allumé, et, encore sur les 42 places de ce four, 20 seulement furent occupées. Le 6 octobre suivant, un autre four, incomplet aussi, fut livré aux ouvriers; presque tous les ouvriers étaient des gens raccolés un peu partout, et on avait même dû en aller chercher dans la Suisse allemande, en Bavière et surtout à Saarbruck, tant les ouvriers de Rive-de-Gier étaient restés tenaces dans leur résistance. Ces Allemands étaient de fort habiles ouvriers, mais habitués au travail de la verrerie par équipes de deux hommes, ils eurent une

certaine peine à prendre l'habitude de l'équipe
à trois, qui entre autres avantages a celui d'ac-
célérer le mouvement. Sur les quatre-vingt dix
Allemands qui furent appelés à cette époque-là, il
n'en reste aujourd'hui qu'un nombre extrêmement
restreint, car on s'est appliqué à les remplacer
peu à peu par les verriers du pays. Mais ceux-là
ne s'étant rendus que le 19 janvier 1895, il n'y
avait plus que quatre places à prendre, lorsque
soixante-dix grévistes se présentèrent à la fois. Il
était trop tard, et leurs places étaient occupées.

C'était au commencement de 1894, c'est-à-dire
au commencement de cette grève de la maison
Richarme, ou Dériard, que MM. Julliard et Micol
avaient proposé aux ouvriers en grève de leur
vendre une partie de leurs actions. Les ouvriers
acceptèrent donc avec joie ce moyen, qui leur
était offert, de se mettre à l'abri de la tyrannie
patronale. Peut-être même s'imaginèrent-ils
avoir trouvé un procédé pour ruiner, par une
redoutable concurrence, l'usine de leur ancien
patron? Toujours est-il qu'ils acclamèrent cette
proposition de MM. Julliard et Micol. D'abord
l'achat dut être fait par la Fédération des verriers, dont le siège est à Lyon; mais cette Fédération, qui renferme et dirige tous les syndicats
verriers de France, n'a pas la personnalité civile et ne peut acquérir. On songea au Syn-

dicat de Rive-de-Gier; mais là encore il y eut une difficulté : le Syndicat ne pouvait représenter qu'une seule personnalité dans les assemblées d'actionnaires de la Verrerie « de la Loire et du Rhône », et chaque personnalité n'avait droit qu'à dix voix, correspondant à cinquante actions. Tout en acquérant les trois cent vingt-quatre actions qui étaient offertes en vente, la Chambre syndicale n'aurait donc obtenu quand même que dix voix, et l'usine serait restée sous l'autorité de MM. Berne, Mille et Poisson, administrateurs de la verrerie, très hostiles à l'introduction de l'élément ouvrier dans l'administration de l'usine, et fort peu satisfaits des propositions que MM. Julliard et Micol avaient faites au Syndicat.

Les ouvriers prirent alors une autre combinaison. Ils désignèrent douze des leurs, entre lesquels ils répartirent les trois cent vingt-quatre actions. Avec les voix des trois anciens administrateurs, MM. Jacquet, Julliard et Micol, qui gardaient, à eux trois, quarante-cinq actions, les ouvriers acquéraient la majorité dans les assemblées d'actionnaires de l'usine. Ces douze associés se nommaient Pierre Vinay, Joseph Bonnet, André Douzet, Michel Balley, Pierre Hervier, Pierre Meunier, Francis Meunier, Charles Moret, Marius Pitiot, Joseph Bacigalupo, Eugène Rey, François Perrin. En même temps les trois premiers de cette liste entrèrent au conseil d'administration, jusqu'au jour où, M. Jacquet se retirant du conseil, le troisième administrateur ouvrier, Douzet, se retira aussi, pour que l'élément ouvrier n'influençât pas l'élément patronal, qui continuait à subsister dans cette étrange organisation. Le Syndicat de Rive-de-Gier ne figura dans cette combinaison que comme garant solidaire pour le montant intégral de ces douze acquisitions individuelles (1).

(1) Voici quel était le texte exact des conventions.

« Par les présentes, MM. Jacquet, Julliard et Micol vendent, chacun en ce qui les concerne, au prix de 500 fr. l'une, productifs d'intérêts à 5 fr. par an, payables semestriellement à compter d'aujourd'hui, pour être, eux trois, créanciers solidaires du prix des actions vendues et supporter tous trois ensemble les insolvabilités éventuelles des acquéreurs ci-dessous :

M. Jacquet :

1° à M........	27 actions portant les nos	
2° à M........	27......................	108
3° à M........	27	
4° à M........	27......................	

M. Micol :

1° à M........	27	
2° à M........	27	108
3° à M........	27	
4° à M........	27......................	

M. Julliard :

1° à M........	27	
2° à M........	27......................	108
3° à M........	27......................	
4° à M........	27......................	

324

« La Chambre syndicale de Rive-de-Gier se porte garant soli-

Mais les actions achetées étaient grevées d'un droit de gage au profit de la Société de la Verrerie, qui se prétendait créancière à l'endroit de MM. Jacquet, Julliard et Micol, pour une somme de 61.441 francs, alors que ces derniers se

daire pour le montant intégral de ces douze acquisitions individuelles pour la somme de 162.000 francs.

« Les acheteurs auront, pour le paiement, en capital et intérêts, un délai de six ans.

« Il est toutefois formellement stipulé et convenu que, par chaque four en activité de service, deux actions au moins par mois devront être payées, c'est-à-dire que les vendeurs devront recevoir chaque mois le prix de deux actions au moins, si un four a été en activité de service; le prix de quatre actions au moins, si deux fours sont été en activité de service; le prix de six actions si trois fours ont été en activité de service, etc.

« Toutefois, en raison du droit de gage dont les actions sont grevées et de leur dépôt dans les caisses de la Société, il est entendu que les acheteurs ne pourront exiger la livraison de ces actions que lorsque MM. Jacquet, Julliard et Micol les auront dégagées.

« D'ici là, les dividendes afférents à ces actions appartiendront, bien entendu, aux acheteurs, mais seront payés aux vendeurs, en l'acquit des acheteurs, en imputation sur les intérêts par eux dus, et, s'il y a lieu, en imputation sur le prix de leur acquisition.

« En retour des avantages faits par MM. Jacquet, Julliard et Micol à MM..., et pour se reconnaître de la confiance qu'ils leur témoignent, il est stipulé et promis que, MM..., ayant dorénavant la majorité dans les assemblées d'actionnaires et pouvant y dicter par conséquent leur volonté, y prennent l'engagement de nommer MM. Jacquet, Julliard, et Micol, administrateurs, lesquels conserveront un nombre d'actions suffisant pour avoir droit à cette qualité d'administrateurs de la Société des Verreries réunies de la Loire et du Rhône.

« MM. Jacquet, Julliard et Micol seront, bien entendu, soumis aux causes ordinaires de révocation, à charge de leur payer trois mois de traitement. »

prétendaient au contraire créanciers de **128.000**, et, toute compensation faite, de **66.559** francs.

D'autre part, le syndicat aurait été fort en peine de payer les actions dont il venait de se rendre acquéreur. Sans compter qu'il n'avait pas en caisse les **81.000** francs qui lui étaient nécessaires pour se libérer, il lui fallait consacrer l'intégralité de ses ressources à secourir les mille grévistes de la maison Richarme.

On voit que la situation était grave.

Les douze ouvriers acheteurs allèrent tout d'abord trouver M. Berne, président du conseil d'administration de la Société, pour lui dire qu'ils n'entendaient rien changer à la situation. Ils déclaraient endosser pleinement la responsabilité de leurs vendeurs. Les actions, jusqu'à ce que le litige fût tranché, devaient rester grevées du droit de gage dont elles paraissaient affectées. De leur côté, MM. Jacquet, Julliard et Micol déclaraient qu'ils n'entendaient pas, le moins du monde, se prévaloir de cette vente pour s'exonérer de leur dette, si cette dette existait. Dans ces conditions, M. Berne ne pouvait refuser de faire le transfert des actions au nom des verriers. Il s'y refusa. « Les actions que vous avez achetées, répondit-il aux ouvriers, sont en gage en nos mains, non à raison de 500 francs, qui est la valeur nominale, mais à raison de

250 francs seulement. Il vous reste donc à verser encore 250 francs pour chaque action que vous désirez faire transférer, et le transfert sera fait. » Désireux de participer à l'assemblée générale extraordinaire des actionnaires, convoquée pour le 3 juillet 1894 par le président du Conseil et le commissaire-censeur, les douze ouvriers acheteurs, pour aller au plus vite et malgré le côté illégal de la prétention de M. Berne, acceptèrent ses conditions et libérèrent 69 actions, en versant 17.250 francs.

Et alors, le syndicat imposa au personnel des retenues de salaires, et fit appel à toutes les autres verreries, qui envoyèrent d'ailleurs des sommes fort importantes. Mais plusieurs circonstances vinrent mettre en échec la fondation ouvrière. Je vais les énumérer.

Le premier accroc que subit cette entreprise fut la retraite de M. Mille, directeur de la verrerie, qui renonça à lutter contre les difficultés d'ordre intérieur sans cesse grandissantes. Il céda sa place à l'un des administrateurs ouvriers de la Société et il introduisit, à la date du 18 juillet 1894, devant le tribunal de commerce de Saint-Étienne, une action tendant à faire prononcer la dissolution de la Société. Les conclusions portaient : 1° que le capital social était aux trois quarts dissipé; 2° que le livre de caisse était entaché d'irrégularités; 3° que le conseil d'administration avait entamé toute une série de procès téméraires.

L'installation et l'outillage de l'usine, jadis créés par des industriels qui avaient à faire face aux exigences d'une production colossale, étaient un deuxième obstacle à la bonne marche de l'usine. Ils ne pouvaient être utilement mis en œuvre par des moyens trop limités. Il y avait disproportion entre la machine et l'élément moteur qui l'animait. De plus, cette machine était vieille et n'avait pu être réparée, à travers les mille crises qu'avait supportées la Société. Il fallut dès le début engloutir des sommes considérables dans la réfection d'un four (1); de là aussi, beaucoup de déboires, de sacrifices, de mécomptes, qui ont eu pour conséquences des retards de trois quinzaines entières dans le payement des salaires, sans parler de la réduction de 50 % que ces salaires avaient déjà subie.

Pendant que les ouvriers de Rive-de-Gier se voyaient entraînés à des frais sur lesquels ils n'avaient pas compté, des grèves nombreuses, qui éclataient dans les autres usines, arrêtaient net les souscriptions promises, qui leur avaient permis d'envisager l'avenir sans trop de

____

(1) 40.000 francs.

crainte (1). Mais aucune de ces grèves ne leur fut aussi préjudiciable que la grève de Carmaux, qui fit affluer toutes les cotisations du monde ouvrier et surtout des différentes verreries vers Carmaux. On ne pensait plus à Rive-de-Gier, il n'était question que de Carmaux, et la Verrerie aux verriers se trouvait réduite à ses seules ressources, qui étaient, comme nous l'avons dit, extrêmement limitées.

Il fallait aussi songer aux ouvriers inoccupés de Rive-de-Gier, il fallait les nourrir, leur procurer du travail. On fit quatre brigades au lieu de trois, et les ouvriers ne travaillèrent que six heures. On alluma trois fours. Outre l'ancien personnel des Verreries réunies, on devait occuper le personnel que la grève Richarme laissait sans emploi. De l'augmentation du personnel, plus que triplé, il résulta une production absolument anormale, que l'on put écouler tout d'abord, mais que l'on dut, lorsque la verrerie Richarme eut repris son fonctionnement, mettre en magasin ou vendre à vil prix. Il arriva que les

(1) On avait compté pour la libération des actions sur l'engagement pris par chaque fédéré des syndicats verriers de verser une somme de 27 francs. On tablait sur 6.000 fédérés et on arrivait ainsi au chiffre de 162.000 francs. Par suite des grèves, 1.000 fédérés seulement purent tenir leurs engagements. Carmaux paya régulièrement les cotisations. Si tous les engagements avaient pu être tenus, tout eût été soldé à la fin de 1894.

verriers ne travaillèrent plus qu'une quinzaine sur deux. Il s'ensuivit qu'ils perdirent leur dextérité habituelle et produisirent moins, et que les bons ouvriers, dégoûtés, allèrent chercher ailleurs un travail plus rémunérateur et laissèrent la place aux moins bons ouvriers. D'autre part, les frais généraux ne diminuant pas, la situation financière, fortement obérée par les dépenses imprévues du début et par le service d'intérêts de 306.000 francs d'obligations, devint telle que le personnel ouvrier, qui depuis plusieurs mois ne touchait qu'une faible part de salaires, ne reçut plus que quelques bons de pain, de viande ou de comestibles.

Enfin, il faut bien dire que les patrons verriers s'acharnèrent contre cette fondation. Les marchands de bouteilles furent informés par eux qu'ils baissaient leur prix de vente de 2 francs, ce qui le ramenait au prix de revient sur la place de Paris.

A ces difficultés pécuniaires, il faut ajouter les difficultés d'ordre intérieur que nous révèlent les congrès corporatifs, et les vives discussions qui étaient l'écho de ces discussions intestines.

Au congrès de Marseille (1895), Grandjean, de la Fédération des travailleurs du verre, nous apprend que : *à Rive-de-Gier, on travaille quand il fait plaisir; on fait ce qu'on veut.* » Et Bon-

nardel, délégué de Masnières (Nord) ajoute :
« Quand j'ai visité la verrerie de Rive-de-Gier,
j'ai constaté *la fausse situation créée aux administrateurs*. J'ai vu quelques ouvriers leur manquer des égards qui leur sont dus. Cette situation
est regrettable. *Nous devons faire quelque chose
qui discipline les rapports entre les ouvriers et
l'administration.* »

Gelas, qui est ouvrier à la verrerie et y a semé
la zizanie, est traité de libertaire et vivement
pris à partie. Bertrand s'écrie que « Gelas fait
le mouchard ; il a fait la guerre aux administrateurs et aux membres de la Fédération. Il n'est
pas étonnant que Dériard lui offre des places.
C'est un misérable. » Vinay, qui est la cheville
ouvrière de la Verrerie aux verriers, insiste dans
le même sens, et il ajoute : « S'il y a eu des
moments difficiles, cela tient à notre mauvaise
éducation sociale, qui a été faussée au début,
c'est ce qui a fait que quelques-uns se sont re-
fusés d'obéir à un égal et ont confondu l'ordre
avec l'autoritarisme. *L'autoritarisme, nous n'en
voulons pas ; mais l'ordre est indispensable pour
la réussite de notre entreprise.* » Enfin Baudot,
qu'on ne s'attendait guère dans la circonstance
à voir prendre la défense de la discipline, conclut aux applaudissements de l'assemblée : « *Il
faut une organisation ; il est impossible qu'une*

administration marche sans autorité ; si nous n'avons pas d'organisation, c'est la perte de l'œuvre. »

L'administrateur ouvrier n'est pas respecté par ses camarades, on discute ses ordres, on les plaisante, on le tourne lui-même en ridicule, et il n'ose rien dire. Pendant les quelques jours que j'ai passés à la Verrerie aux verriers, j'ai constamment vu Pierre Vinay abordé par des ouvriers qui lui demandaient brutalement leur paie. L'administrateur de la verrerie s'en tirait comme il pouvait, en leur donnant une partie de ce qu'ils réclamaient, puis il essayait d'esquiver les autres qui l'attendaient dans tous les coins de l'usine. Il était du reste le premier à souffrir de cette pénurie de ressources. On lui avait magnifiquement octroyé 500 francs par mois, au début de l'affaire, alors que l'horizon était sans nuages, et la confiance sans bornes. Il y a bien des mois où Pierre Vinay a dû se contenter de 100 francs et quelquefois de moins encore, alors que, très habile ouvrier, il auraït pu gagner de fortes mensualités comme simple ouvrier.

L'expérience de la Verrerie aux verriers a donc misérablement échoué.

L'usine avait commencé à fonctionner le 3 août 1894, avec un seul four ; le deuxième four fut allumé le 5 septembre ; le troisième, le 10 janvier 1895. Le 6 février, on devait déjà étein-

drc celui-ci; le 16 novembre, on éteignait le
deuxième, et on continuait jusqu'à la fin avec un
seul four, dont on ne trouvait même pas à écouler la production.

Les verriers s'étaient, au début, chargés d'une
dette de 162.000 francs. En mai 1895, ils avaient
payé 81.000 francs; et le 21 du même mois, sur
la menace faite de procéder à la vente des actions
qui leur avaient été concédées, la moitié des
salaires dus étant impayée, les actionnaires ouvriers signaient des engagements, en vertu desquels ils remettaient en nantissement leurs actions aux ouvriers, à qui ces salaires étaient dus.

Mais malgré toutes ces mesures, malgré le
chiffre de ventes qui s'élevait à 60 et 70.000 francs
par mois, malgré le désintéressement des administrateurs et des verriers, l'affaire était condamnée. Le 23 juillet 1896, le bilan était déposé,
accusant 355.000 francs d'actif et un passif de
510.000 francs, dont un cinquième en salaires
arriérés.

Je sais qu'on ne peut se baser sur cet exemple
pour prédire l'avenir de la Verrerie ouvrière.
Il n'y aura ni les dettes du passé, ni ce régime
bâtard d'un conseil d'administration mi-bour-
geois, mi-ouvrier; mais il y aura bien des difficultés que nous avons vu se produire dans la
verrerie de Rive-de-Gier. Il y aura la haine des

patrons verriers et une concurrence furieuse de leur part. Mais souhaitons qu'il y ait peu d'indiscipline, et nous pourrions voir alors se faire autour de la verrerie d'Albi un heureux oubli, témoignage de sa paisible prospérité. Si, habilement menée, elle peut au bout de quelques mois se suffire à elle-même, ce sera très bien, elle aura quelque chance de réussir; mais que, pour vivre, elle ne compte que sur elle-même, non sur l'agitation publique, tel est le vœu que nous formulons. En un mot, il lui faudra, pour sa prospérité, s'adapter à la forme patronale. Si les ouvriers prennent, par exemple, pour directeur M. Juppont, ingénieur de talent, qui mènera l'affaire avec sa science et son énergie, un succès n'est pas impossible.

Nous allons voir, en effet, par un second exemple, que la forme patronale ou *capitalistique* (!) est un moyen de réussir en pareille occurrence.

Cet exemple est celui de la verrerie de la rue Tréfilerie, à Saint-Étienne.

III. — LA COOPÉRATION DE SAINT-ÉTIENNE.

Ce n'est point une verrerie à bouteilles, que la Coopérative de la rue Tréfilerie, qu'on connaît vulgairement sous le nom de « La Tréfilerie »;

ce n'est pas une de ces énormes usines, comparables à celles de M. Rességuier ou de M. Dériard. Les ouvriers ne s'y comptent pas par milliers, ni la mise de fonds par millions. C'est une simple et modeste petite verrerie, où l'on n'emploie que des fours à pots et où l'on ne fabrique que l'article pharmaceutique et liquoriste. Les ouvriers, qui ont fondé cette modeste, mais florissante coopérative, n'avaient entre eux tous que 16.000 francs. Des listes de souscriptions n'avaient pas été ouvertes pour leur œuvre dans tous les centres industriels, le prolétariat s'en était désintéressé.

C'étaient simplement de malheureux ouvriers chassés des verreries de Lyon, comme meneurs d'une grève. Aujourd'hui ces meneurs sont fortement assagis, et leur enthousiasme naïf a été remplacé par le sens très droit de leurs intérêts et le simple désir de succès industriels.

Sous le régime capitaliste, il faut se plier aux lois du régime capitaliste, s'exposer à la concurrence acharnée, essayer d'y vaincre par la probité, l'exactitude des engagements, la bonne exécution des commandes. Et c'est ce programme très pratique, très antirévolutionnaire, qu'a essayé de remplir le directeur-ouvrier de la Coopérative verrière de la rue Tréfilerie et qu'il a rempli avec le plus grand succès.

Cette Société fut constituée en 1891, à la suite de la grève générale de l'industrie verrière, par vingt ouvriers chassés des usines de Lyon. Ils prirent une verrerie tombée à la suite de mauvaises affaires et abandonnée depuis cinq ans. Le capital constitutif fut porté à 20.000 francs; mais, par le fait, il n'y eut que 16.000 francs versés d'abord, par actions de 500 francs. Le Conseil d'administration fut composé de neuf ouvriers. La fabrication commença le 1er août 1891.

Le directeur, qu'on avait pris tout d'abord en dehors de l'usine, fut renvoyé au bout de deux mois, à la veille de la faillite, et remplacé par un ouvrier choisi dans le Conseil, M. Courtot.

Lorsqu'on pénètre dans l'usine, on aperçoit à droite un guichet vitré. On croit s'adresser au concierge de la verrerie : c'est le Directeur qui vous répond, employé à faire les écritures dans un modeste bureau, ayant en face de lui sa femme, qui l'aide pour la comptabilité. M. Courtot, entré en fonctions avec 225 francs d'appointements par mois, est payé à l'heure actuelle 300 francs. Il y a toujours un ouvrier au moins dans l'usine, qui gagne plus que lui. Ce système met le directeur à l'abri de la jalousie.

Les débuts de l'affaire furent des plus pénibles. L'usine, fermée depuis plusieurs années, n'avait plus de clients. Le Directeur alla faire une tournée à Paris et à Lyon, un ouvrier fut envoyé dans le Midi pour faire connaître la maison. Le premier client fut un marchand de verre en gros de Bordeaux, qui, après avoir suivi toutes les verreries de Rive-de-Gier et ne trouvant pas les conditions qu'il désirait, vint de guerre lasse échouer rue Tréfilerie. Ses conditions furent acceptées et sa commande donna de l'ouvrage pour une année à la moitié d'un four.

Il y eut alors un ultimatum envoyé par les patrons verriers de Lyon à tous les marchands de matières premières, de n'avoir pas à livrer de marchandises à la nouvelle coopérative. Un seul fournisseur osa résister à l'ultimatum. Sa maison très puissante lui permettait de ne pas tenir compte de cette injonction. Mais toujours, dans les commencements de l'usine, les commandes devaient être accompagnés d'un chèque; on ne faisait aucun crédit à la verrerie naissante.

Enfin, d'autres difficultés provinrent du manque de discipline de l'usine. Le premier jour, les ouvriers dansaient sur leurs *places*, en disant que maintenant ils n'avaient plus besoin de travailler, qu'ils étaient chez eux. M. Courtot, dès sa prise de possession de la Direction, fut obligé de prononcer deux ou trois renvois. Les autres verriers se tinrent pour avertis; l'ordre fut rétabli.

Voici du reste la suite des inventaires.

Le premier inventaire se traduit par 4.000 à 5.000 francs de perte.

Le deuxième rachète le premier et se clôt par un bénéfice de 4.000 à 5.000 francs.

Et maintenant, c'est la série ascendante : le troisième inventaire se termine par 12.000 francs de bénéfice; le quatrième par 18.000 francs; le cinquième par 35.000 francs.

Et aujourd'hui, grâce au soin apporté à la bonne fabrication de la marchandise, grâce à la probité rigoureuse avec laquelle tous les produits sont contrôlés, la petite coopérative de Saint-Étienne voit ses produits préférés, tout en étant payés 25 et quelquefois 50 % plus cher que ceux des usines concurrentes.

Le personnel est de 80 ouvriers, dont 35 actionnaires. Les 45 autres sont gamins ou similaires, et touchent 20 % sur les bénéfices. On compte même augmenter cette part et la porter à 50 %, les 50 % autres devant être réservés pour le capital-réserve, la caisse-accidents et l'intérêt des actions.

Le capital est à l'heure actuelle de 80.000 francs, dont 40.000 francs d'apports nouveaux et 20.000 francs provenant des réserves. Les actionnaires n'ont touché qu'un intérêt de 5 % et 10 % ont été versés à une caisse mutuelle contre les accidents, fondée dans l'usine.

Le chiffre d'affaires s'élève à 300.000 francs et ne peut pas s'augmenter, à cause de l'exiguïté des bâtiments et du four de l'usine. On est obligé de refuser pour une somme à peu près égale de commandes. Aussi fait-on construire, à côté d'une gare de la banlieue de Lyon, une petite usine qui coûtera 100.000 francs et sera le double de celle de Saint-Étienne.

Cette enquête faite sur deux formes connues de Verreries aux verriers, revenons à celle que créent à Albi les anciens grévistes de Carmaux.

IV. — LA VERRERIE D'ALBI.

Si l'on passe aujourd'hui sur la route d'Albi à Cordes ou sur la voie ferrée d'Albi à Carmaux, on côtoie un terrain appelé pittoresquement dans l'idiome du pays l'*Escapadou*, sur lequel s'élève la verrerie nouvelle.

Le conseil municipal d'Albi a voté pour elle 25.000 francs, des souscriptions fructueuses sont ouvertes dans la ville et tous les industriels, tous les commerçants, n'envisageant la chose qu'à un point de vue commercial, espèrent que la verrerie sera pour la ville une source de revenus et remplacera avantageusement l'industrie de la chapellerie, presque complètement disparue; aussi versent-ils leur obole dans les sébiles; cependant, par respect pour leurs convictions, ils gardent l'anonymat. Les médecins eux-mêmes, bien que conservateurs, souscrivent afin de ne pas être évincés lorsqu'ils postuleront le titre de médecin de la verrerie.

La verrerie d'Albi peut-elle réussir? De l'aveu de beaucoup, administrateurs et verriers de Carmaux, membres influents de la Fédération du verre, verriers de la Loire et de Lyon, révolutionnaires et syndicaux modérés, la verrerie *telle qu'elle est constituée,* a de médiocres chances de succès. Je soupçonne même des membres du Comité d'organisation de professer à son endroit le plus doux scepticisme, et j'en sais, qui ne seraient pas autrement fâchés d'un échec qui prouverait, mieux que les plus beaux discours, l'inanité des efforts du prolétariat sous le régime capitaliste.

« Comprenez-vous, Monsieur, le beau résultat! me disait un révolutionnaire, ennemi des demi-mesures; Rességuier a volé leurs salaires à ses ouvriers pendant je ne sais combien d'années, et, afin de se venger de lui, on fait des souscriptions pour bâtir une autre usine. C'est absolument la même chose que si l'on m'avait volé ma montre dans la rue et si j'allais emprunter cinquante francs à des camarades pour racheter une nouvelle montre, en me disant : « Comme mon voleur « va être attrapé ! »

M. Rességuier m'avait avoué qu'il ne croyait pas à la construction de l'usine. Les faits ont heureusement démenti ses pessimistes prévisions. Les actionnaires de Carmaux estimaient que l'usine pouvait être bâtie, mais qu'il lui serait impossible de marcher. « Le danger pour nous », ajoutaient-ils avec une certaine inquiétude, « est qu'il se trouve un capitaliste pour racheter et remonter cette affaire, dans une contrée où nous étions seuls et sans concurrents. » Mais il leur semblait bien difficile qu'une affaire industrielle pût réussir, alors qu'un ouvrier renvoyé aurait droit de recourir au Conseil d'administration d'abord, puis à l'Assemblée générale ? Ce manque de direction est néfaste. A la petite coopérative de Saint-Étienne, le directeur me disait : « J'ai eu des difficultés au début. Personne ne voulait m'obéir, et j'ai dû commencer par chasser deux ou trois camarades, pour rétablir l'ordre. » Voit-on la situation de ce directeur, que ses anciens camarades ne respectaient pas, s'ils avaient eu recours contre lui, contre ses décisions, à un Conseil d'administration et à une assemblée générale des actionnaires réunis en tribunal arbitral ?

Dans de telles conditions, ou bien le directeur serait sérieux, et, après deux renvois prononcés par lui et réformés par les deux ordres d'autorité qui lui seront supérieurs, il donnerait sa démission ; ou bien il s'en moquerait et se soucierait aussi peu de la discipline que de la bonne marche de l'usine.

On a été sur le point de construire la verrerie à Carmaux même. Au point de vue purement économique, entre Albi et Carmaux il n'y avait pas à hésiter. Vie et logement sont à bien meilleur compte à Albi, par suite des grèves qui ont ruiné l'industrie de la chapellerie et rendu la ville trop grande pour ses habitants. L'eau est bonne et en abondance, alors qu'elle est détestable à Carmaux. Le sable est sous la main. Les mines de charbon, de découverte récente (dont M. Marmottan, député du seizième arrondissement de Paris est président du Conseil d'administration et dont l'ingénieur en chef est un ancien ingénieur, congédié, de Carmaux), désirent rivaliser avec les mines de Carmaux et promettent de fournir du charbon à des prix presque identiques à ceux payés par M. Rességuier, tandis que les mines de Carmaux, outre qu'elles ont pour administrateurs des administrateurs même de la verrerie, c'est-à-dire des ennemis de la nouvelle entreprise, sont engagées par des traités et ne peuvent fournir du charbon à des industries verrières qu'en majorant de 2 fr. 50 par tonne les prix payés par M. Rességuier : d'où une infériorité notable, si la verrerie s'était établie à Carmaux.

Évidemment, s'il s'agissait de faire une œuvre politique, et seulement politique, c'est à Carmaux, en face de l'usine de M. Rességuier, qu'il fallait l'édifier. Qu'importait le côté économique, puisque le prolétariat tout entier s'engageait à soutenir l'affaire ?

Mais le mieux semblait être d'installer l'usine dans les environs de Paris. Elle se fût trouvée, à Aubervilliers par exemple, au centre même de la consommation, à portée des Coopératives qui l'avaient fondée et voulaient la soutenir ; tandis qu'Albi est bien loin et peut être facilement oublié. Dans deux ans, qui donc pensera à la grève des verriers de Carmaux et à l'usine ouvrière ?

Elle n'est déjà pas la seule coopérative ouvrière ; nous venons d'en citer deux autres exemples. Elle ne sera surtout pas la seule dans quelques années. Il ne se passe pas un congrès de verriers sans qu'il ne soit question de coopératives à créer. Le Nord désire en fonder, la Champagne en réclame. Albi, pourrait-on dire, est une coopérative à part, fondée d'après une formule nouvelle. Je l'accorde. Mais ne peut-elle être imitée ?

Dans quelques années, Albi ne sera plus l'unique objet de toutes les préoccupations prolétariennes, Albi sera détrôné par un nouvel essai de résistance à la « tyrannie patronale ».

Encore une fois, pour qu'elle puisse réussir, il faut qu'elle imite dans sa modestie la petite verrerie stéphanoise, fondée par des ouvriers grévistes, elle aussi, mais par des grévistes qui voulaient vivre et ne se reposaient pas sur les autres du soin de faire marcher leur affaire et de la faire prospérer. Que le directeur soit bien choisi, qu'il puisse faire œuvre de directeur et qu'il voie son autorité reconnue et respectée, la verrerie d'Albi aura, elle aussi, son avenir assuré.

Les verriers d'Albi n'ont qu'à faire une comparaison entre les deux exemples que j'ai cités : la verrerie de Rive-de-Gier, qui devait libérer le prolétariat et faire triompher la Révolution, échoue misérablement, et la coopérative de Saint-Étienne, qui ne songe qu'à vivre sans faire de bruit, qui ne cherche qu'à faire oublier les haines patronales accumulées contre ses fondateurs, a devant elle un avenir prospère. La sagesse vaut mieux que la forfanterie, la prudence est préférable à une confiance exagérée.

Les verriers d'Albi ont d'abord à assurer leur existence. Cela importe plus, pour l'instant, que la préparation d'une révolution sociale, encore bien lointaine, si l'on entend par là le bouleversement complet de la société. La meilleure révolution sociale, pour eux, est de devenir leurs maîtres et de conduire leurs opérations avec sagesse et par là même avec succès. Ils ont la haine du patron, soit; mais qu'ils perdent cette habitude, puisqu'ils peuvent être eux-mêmes leurs patrons. La haine patronale ne doit pas aller si loin. Et, si dans quelques années le prolétariat les a oubliés et les a livrés à eux-mêmes, ce sera peut-être tant mieux pour eux. S'ils ont la prudence et la sagesse que nous leur souhaitons, s'ils ont le respect de la discipline et l'énergie de vouloir se suffire à eux-mêmes, leur affaire fera peut-être moins de bruit par le monde, elle n'en marchera que plus sûrement. La Révolution se trouvera avoir enfanté contre sa volonté une œuvre féconde et saine, dont le succès fera notre joie.

APPENDICES

I

STATUTS DE LA COOPÉRATIVE DE SAINT-ÉTIENNE

Objet

ARTICLE PREMIER. — Une Société anonyme en participation à capital et personnel variables est formée, sous la dénomination de **Verrerie Stéphanoise**, entre les soussignés, lesquels déclarent souscrire actuellement pour le nombre d'actions déterminé ci-après, et toutes les personnes qui adhéreront aux présents statuts.

ART. 2. — Le siège social est fixé à Saint-Étienne, *rue Tréfilerie*, 9.

ART. 3. — La durée de la Société est fixée à douze ans, sauf le cas de dissolution prévu aux présents statuts, mais elle pourra être prolongée en Assemblée générale par une majorité représentant les deux tiers du capital social.

La Société ne sera pas dissoute par la retraite, l'interdiction ou la faillite de l'un de ses membres et les ayants-droit de l'interdit ou failli ne pourront s'immiscer dans les affaires de la Société, en exiger le remboursement de l'action ou des actions de l'interdit ou failli, avant la liquidation ou la dissolution de la Société.

La Société ne peut prendre fin que par le vote d'une majorité représentant les trois quarts des actions.

En cas de perte des trois quarts du capital social, la dissolution pourra avoir lieu conformément à l'article 37 de la loi du 24 juillet 1867.

Art. 4. — La Société a pour objet l'entreprise et l'exécution de tous les travaux se rattachant à l'industrie du verre et la vente de ces articles.

Fonds social, Actions, Admissions, Retraites, Exclusions

Art. 5. — Le capital social est fixé à vingt mille francs pour la présente année, et divisé en quarante actions de cinq cents francs, qui seront entièrement libérées par les sociétaires avant le premier janvier 1892.

En raison des admissions, retraits ou exclusions, le capital social variera en plus ou en moins, comme le personnel lui-même, conformément à l'article 49 de la loi du 24 juillet 1867.

Toutefois ce capital ne pourra être réduit au-dessous de la somme de vingt mille francs que forme le capital minimum et irréductible de la Société.

Art. 6. — Les actions sont représentées par une inscription nominative sur les registres de la Société et un certificat de cette inscription signé par le président et deux administrateurs, est délivré à chaque actionnaire. Le montant des actions produira un intérêt annuel de cinq pour cent, payable chaque année aux époques fixées par le Conseil d'Administration.

Art. 7. — Les actions sont nominatives et ne sont ni transmissibles ni négociables. Nul ne peut être actionnaire, s'il n'est accepté comme tel par le Conseil d'Administration.

Art. 8. — La Société admet de nouveaux actionnaires dans les conditions ci-après :

L'actionnaire aspirant ou stagiaire, pour être admis à travailler, soit comme ouvrier, soit comme employé dans la Société, devra subir sur son salaire une retenue mensuelle équivalente à quatre journées de travail, dont le produit sera porté sur les livres de la Société à un compte spécial. Lorsque ce compte s'élèvera à la somme de trois cents francs, le Conseil d'Administration sera appelé dans sa séance la plus proche à voter sur son admission.

Si le Conseil d'Administration refuse l'admission du candidat, son compte de retenue lui sera restitué.

Art. 9. — Tout actionnaire ouvrier a le droit d'aller travailler dans d'autres usines, en prévenant quinze jours d'avance, mais il ne pourra exiger aucun remboursement d'actions avant douze ans.

Art. 10. — Tout acte de la part d'un sociétaire portant atteinte soit à la considération soit aux intérêts de la Société, pourra entraîner, si le Conseil d'Administration le décide, sa suspension de sociétaire, jusqu'à la prochaine Assemblée générale, laquelle prononcera la radiation ou la réintégration de ce sociétaire.

Art. 11. — En cas d'exclusion d'un sociétaire par l'Assemblée générale, il lui sera remboursé le montant de l'action ou des actions qu'il possède, au prorata des pertes ou bénéfices de la Société.

Toutefois ce remboursement ne pourra avoir lieu que dans le délai d'un an, à partir du jour de l'exclusion.

Administration de la Société

Art. 12. — La Société est administrée par un Conseil de neuf membres, et par les présents statuts, sont nommés administrateurs pour six ans :

MM. Roche (Jean-Baptiste), Fonclare (Achille), Boisnard (Victor), Roche (Marcellin), Roche (Victor), Robert, Roche (Jean), Schild et L. Courtot.

Les Administrateurs déclarent accepter leurs fonctions.

A l'expiration du mandat desdits administrateurs, leurs successeurs seront nommés en Assemblée générale.

Pour être éligible, il faut être âgé de vingt-cinq ans au moins et être actionnaire.

Le Directeur commercial et le Directeur de la fabrication sont de plein droit membres du Conseil d'Administration.

En cas de vacance par décès, démissions ou autres causes, le Conseil pourvoit provisoirement au remplacement jusqu'à la prochaine Assemblée générale, qui procède à l'élection définitive.

Le Conseil nomme parmi ses Membres un Président et un Secrétaire.

Les fonctions d'Administrateur sont gratuites.

Le Conseil d'Administration, à l'exception du Directeur commercial et du Directeur de la fabrication, est renouvelable par moitié, tous les trois ans.

Les Administrateurs sortants sont désignés par le sort, la première fois ils sont rééligibles.

Le Conseil d'administration a toujours le droit de convoquer l'Assemblée générale.

Tout Membre du Conseil qui, sans excuses valables, s'absentera trois fois consécutives des réunions, sera considéré comme démissionnaire, et il sera pourvu à son remplacement.

Art. 13. — .Le Conseil d'Administration se réunit au siège de la Société, aussi souvent que l'intérêt de la Société l'exige et au moins une fois tous les dix jours.

La présence de six Membres au moins est nécessaire pour la validité des délibérations.

Les délibérations sont prises à la majorité des voix des Membres présents; en cas de partage, la voix du Président est prépondérante.

Nul ne peut voter par procuration au sein du Conseil.

Art. 14. — Les délibérations du Conseil sont constatées par des procès-verbaux, qui sont portés sur un registre tenu au siège de la Société, et signées par tous les Membres ayant pris part à la délibération. Les copies ou extraits à produire en justice ou ailleurs sont certifiés par le Président du Conseil.

Pouvoirs du Conseil

Art. 15. — Le Conseil a les pouvoirs les plus étendus, pour l'administration des biens et la direction des affaires de la Société, il la représente dans tous les actes civils et judiciaires.

En conséquence, c'est à sa requête et contre lui que doivent être intentées toute les actions judiciaires. Il choisit tous agents et fixe les salaires. Il peut même transiger, compromettre, acheter, vendre, emprunter et hypothéquer, mais pour tous emprunts et hypothèques à contracter, il ne sera autorisé que dans la limite de cinq mille francs. Pour tout emprunt ou affectation hypothécaire dépassant ce chiffre, le Conseil aura besoin de l'autorisation de l'Assemblée générale des Actionnaires.

Il pourra donner mainlevée de toutes inscriptions, avec ou sans constatation de paiement. Il arrête les comptes qui doivent être soumis à l'Assemblée générale et propose la répartition des dividendes s'il y a lieu.

Art. 16. — Le Conseil choisit le Directeur de la fabrication et le Directeur de la partie commerciale qui s'occupe des achats, ventes, recouvrements et comptabilité.

Le Conseil peut en outre déléguer tout ou partie de ses pouvoirs à celui ou à ceux des Membres de la Société qu'il désigne à cet effet.

Les Membres agissant en vertu d'une délégation n'ont à justifier à l'égard des tiers que d'un extrait signé du Président et du Secrétaire de la délibération qui les a autorisés à traiter, laquelle devra spécifier les pouvoirs accordés.

Commission de Surveillance

ART. 17. — Il est nommé chaque année, en Assemblée générale, trois Commissaires chargés de remplir la mission de surveillance prescrite par la loi.

Leurs pouvoirs dureront un an.

ART. 18. — Ils se réunissent au siège de la Société, toutes les fois qu'ils le jugent convenable, notamment pendant le trimestre précédant la réunion annuelle, pour prendre connaissance des livres et examiner les opérations de la Société. Ils vérifient les états trimestriels de la situation active et passive de la Société.

ART. 19. — A la fin de leur exercice annuel, les Commissaires font un rapport à l'Assemblée générale sur la situation de la Société, sur le bilan et sur les comptes présentés par le Conseil.

Ils doivent remettre ce rapport au Conseil, de manière que celui-ci puisse, quinze jours avant la réunion, donner communication, au siège social, à tout requérant, du rapport et du bilan résumant l'inventaire.

ART. 20. — Les Syndicats des Verriers réunis de Lyon et de Saint-Étienne pourront, à l'époque des inventaires, déléguer des Membres pour prendre connaissance des livres et vérifier les états et opérations de la Société. Toutefois les Syndicats précités n'auront cette latitude qu'autant que les deux tiers au moins des ouvriers seront syndiqués et payeront régulièrement leurs cotisations, en se basant sur les principes du Syndicat de Lyon.

Assemblées générales

ART. 21. — Il est tenu chaque année, dans le courant du mois d'août, une Assemblée générale ordinaire de tous les actionnaires.

La réunion a lieu au siège social, ou dans tous autres lieux que le Conseil d'Administration fixera.

En outre, l'Assemblée générale peut être convoquée extraordinairement par le Conseil, soit en cas d'urgence par les Commissaires.

ART. 22. — Tous les Actionnaires ont le droit d'assister à l'Assemblée générale.

Les convocations sont faites par avis adressés individuellement à chaque actionnaire.

Pour les Assemblées extraordinaires, les avis doivent indiquer l'objet de la réunion.

ART. 23. — L'Assemblée générale, tant ordinaire qu'extraordinaire, est régulièrement constituée, lorsque les Membres présent représentent les deux tiers du capital social. Si sur une première convocation cette condition n'est pas remplie, une nouvelle convocation est faite, et l'Assemblée délibère valablement, quel que soit le capital représenté par les actionnaires présents. Cette nouvelle convocation doit avoir lieu à dix jours d'intervalle au moins et les convocations seront faites au moins quatre jours à l'avance.

ART. 24. — Nul ne peut se faire représenter par un mandataire étranger à la Société

ART. 25. — Un Sociétaire n'a qu'une voix délibérative.

ART. 26. — L'Assemblée est présidée par le Président du Conseil d'Administration, ou, à son défaut, par un administrateur désigné par le Conseil; les scrutateurs sont choisis par l'Assemblée, le Bureau désigne le Secrétaire.

ART. 27. — Les délibérations sont prises à la majorité des voix des Membres présents, sauf dans le cas de vote sur la dissolution de la Société, prévu sous l'article 37 de la loi du 24 juillet 1867.

ART. 28. — L'ordre du jour est arrêté par le Conseil d'Administration. Il n'y est porté que les propositions émanant du Conseil, ou qui lui ont été communiquées dix jours au moins avant la réunion, avec la signature de cinq Membres au moins de l'Assemblée.

Il ne peut être mis en délibération que les objets portés à l'ordre du jour.

ART. 29. — L'Assemblée générale entend le rapport des Commissaires sur la situation de la Société, sur le bilan et sur les comptes fournis par les Administrateurs. Elle discute et, s'il y a lieu, approuve les comptes. Elle fixe le dividende à répartir, lorsqu'il y aura lieu de le faire.

Elle nomme les Administrateurs à remplacer et les Commissaires. Elle délibère et statue souverainement sur tous les intérêts de la Société, et confère au Conseil tous les pouvoirs supplémentaires qui seraient reconnus utiles, et sur l'admission et la radiation des Sociétaires.

ART. 30. — Les délibérations de l'Assemblée sont constatées par des procès-verbaux inscrits sur un registre spécial et signés des Membres du Bureau.

Une feuille de présence contenant les noms et domiciles des Actionnaires, Membres de l'Assemblée, est certifiée par le Bureau et annexée au procès-verbal pour être communiquée à tout requérant.

ART. 31. — Les copies ou extraits à produire, en justice ou ailleurs, des délibérations de l'Assemblée, sont signés par le Président et un Membre du Conseil.

État de Situation. Inventaire

ART. 32. — L'année sociale commence le 1er janvier pour finir le 31 décembre. Par exception, le premier exercice comprendra le temps écoulé entre la constitution de la Société et le 31 décembre 1891.

ART. 33. — Le Conseil d'Administration dresse chaque trimestre un état sommaire de la situation active et passive de la Société. Cet état est mis à la disposition des commissaires.

Il est en outre établi, à la fin de chaque année sociale, un inventaire contenant l'indication des valeurs mobilières et immobilières et de toutes les dettes et créances actives et passives de la Société. Cet inventaire est présenté à l'Assemblée générale, et tout actionnaire peut en prendre connaissance au siège social, ainsi que de la liste des actionnaires.

Partage des bénéfices

ART. 34. — Chaque année, sur la proposition du Conseil d'Administration, l'Assemblée générale décidera, s'il y a lieu, la répartition d'une part des bénéfices comme dividende aux actionnaires. L'Assemblée peut en outre décider de convertir les bénéfices en fonds d'amortissement, jusqu'à concurrence de la réalisation du capital social.

Fonds de Réserve

ART. 35. — Le fonds de réserve se compose de l'accumulation des sommes prélevées sur les bénéfices annuels en conformité de l'article 34. Il est destiné à faire face aux dépenses extraordinaires et imprévues.

A la dissolution de la Société, le fonds de réserve, comme le produit de la liquidation après l'acquittement de toutes les dettes et charges de la Société, sera réparti entre tous les Actionnaires.

Modifications aux Statuts

ART. 36. — L'Assemblée générale peut, sur l'initiative du Conseil, apporter aux présents Statuts des modifications dont l'utilité sera reconnue.

Les résolutions, pour être valables, doivent être votées à la majorité des trois quarts des Membres présents.

Dissolution, Liquidation

ART. 37. — En cas de perte des trois quarts du capital social, les Administrateurs convoquent l'Assemblée générale de tous les actionnaires, à l'effet de statuer sur la question, s'il y a lieu de prononcer la dissolution de la Société.

ART. 38. — L'Assemblée est régulièrement constituée, lorsque les trois quarts du fonds social sont représentés par les actionnaires présents. Le vote a lieu à la majorité des voix.

ART. 39. — A défaut par le Conseil de réunir l'Assemblée générale en cas de perte des trois quarts du fonds social, la convocation sera faite par les Commissaires.

ART. 40. — Au cas de dissolution de la Société, l'Assemblée générale règle le mode de liquidation et nomme un ou plusieurs liquidateurs.

Pendant la liquidation, les pouvoirs de l'Assemblée se constituent comme pendant l'existence de la Société.

Toutes les valeurs de la Société sont réalisées par les liquidateurs, qui ont à cet effet les pouvoirs les plus étendus, et le
produit, après le prélèvement des frais de liquidation, en est
réparti aux actionnaires. Les liquidateurs peuvent, avec l'autorisation de l'Assemblée, faire apport en vente à une autre Société, des biens, droits et obligations tant actives que passives
de la Société.

Dispositions générales

ART. 41. — Un règlement intérieur sera établi par le Conseil
d'Administration et la Commission de surveillance réunis. Ce
règlement déterminera les fonctions et attributions de chaque
sociétaire, en un mot, fixera toutes les questions d'ordre intérieur.

ART. 42. — La présente Société sera définitivement constituée, aussitôt après que l'Assemblée aura nommé les administrateurs et les Commissaires, et que ces derniers auront accepté
les fonctions à eux conférées.

Fait et signé à Saint-Étienne, le 22 octobre 1891.

Dont acte.

COUT D'UN FOUR A 10 PLACES

Pour un four à 10 places, il faut 30 ouvriers souffleurs, 30 grands garçons, 30 gamins, 30 porteurs. La moyenne de production par place est environ de 575 bouteilles. Les trois équipes d'une place font donc 1.725 bouteilles, et toute la brigade en 24 heures en produit 17.250 ; dont le prix de revient est de 517 fr. 50.

Il faut compter en plus comme personnel du four :

3 grands garçons-relais.	à 100ᶠ 00 par mois.....	soit 10ᶠ 00 par jour.
3 gamins-relais........	à 60ᶠ 00 —	— 6ᶠ 00 —
3 magasiniers (chefs de poste)	à 125ᶠ 90 —	— 12ᶠ 50 —
6 arrangeurs...........	à 125ᶠ 00 —	— 25ᶠ 00 —
6 ferrassiers	à 3ᶠ 00 par jour	— 18ᶠ 00 —
4 renfourneurs...... . .	à 5ᶠ 00 —	— 20ᶠ 00 —
4 gaziers..............	à 4ᶠ 50 —	— 18ᶠ 00 —
4 décrasseurs (aide-ga-ziers)...............	à 4ᶠ 00 —	— 16ᶠ 00 —
2 balayeurs et videurs de casselles.........	à 2ᶠ 50 —	— 5ᶠ 00 —
2 rouleurs de bouteilles.	à 2ᶠ 50 —	— 5ᶠ 00 —
2 changeurs	à 3ᶠ 50 —	— 7ᶠ 00 —
3 choisisseurs	à 3ᶠ 00 —	— 9ᶠ 00 —
2 emballeuses à la gare.	à 2ᶠ 50 —	— 5ᶠ 00 —
2 emballeuses par cadre	à 2ᶠ 50 —	— 5ᶠ 00 —
1 maçon (en génér. pour 2 fours)..............	à 5ᶠ 00 —	— 5ᶠ 00 —
3 forgeurs	à 4ᶠ 00 —	— 12ᶠ 00 —
1 frappeur (à la forge).	à 2ᶠ 50 —	— 2ᶠ 50 —
1 mouleur.............	à 7ᶠ 00 —	— 7ᶠ 00 —

1 ajusteur .... à	5ᶠ 00	par jour......	soit 5ᶠ 00 par jour.	
1 menuisier........... à	3ᶠ 75	—	—	3ᶠ 75 —
1 chef de cour (du personnel de la cour)... à	4ᶠ 00	—	—	4ᶠ 00 —
1 chef de chargement (expédition).......... à	4ᶠ 15	—	—	4ᶠ 15 —
1 chef de fabrication (contre maître)....... à	6ᶠ 00	—	—	6ᶠ 00 —
1 concierge........... à	4ᶠ 50	—	—	4ᶠ 50 —
(C'est un ménage, en général, car la surveillance doit s'exercer jour et nuit).				
1 comptable .... à	6ᶠ 65	—	—	6ᶠ 65 —
1 caissier .... à	6ᶠ 65	—	—	6ᶠ 63 —
1 employé de bureau.. à	3ᶠ 65	—	—	3ᶠ 65 —

Assurances contre l'incendie. — Mémoire.

Assurances contre les accidents. — 0 fr. 25 par 100 fr. de salaire. — Fourniture de gaz, compagnie des eaux (à Rive-de-Gier : 800 fr. par an par four). — Contributions : 6 fr. environ par jour pour un four. — Droit fixe : taxe annuelle de 3 fr. par tête d'ouviers. — Intérêt des obligataires. — Docteur : 25 fr. par mois. — Pharmacien : 0 fr. 50 par jour. — Camionnage : 30 fr. par jour.

Ces prix ont été indiqués par la Verrerie aux verriers de Rive-de-Gier.

III

TARIF DES USINES DE LA SOCIÉTÉ DES VERRERIES DE CARMAUX AVANT LA GRÈVE

		Souffleurs	Grands Garçons	Gamins
A	Champagnes et toutes bouteilles au-dessus de 1 kilog. quelle que soit la bague. — Pippermints (un litre, 3/4 litre). — Cruchons forts. — Toutes bouteilles piquées, col Mollet, quels que soient la bague et le verre..................................	2 25	1 15	0 75
	Curaçaos piqués unis. — Chartreuses piquées..................................	2 30	1 25	0 85
B	Anglaises, col Mollet, double bague et bague large, tout verre..............................	2 10	1 10	0 70
	Martiniques (litre et 3/4 litre), double bague, tout verre..............................	2 10	1 10	0 70
C	Flûtes et Curaçaos fond plat. — Cruchons demi-forts. — Demi-Pippermints, tout verre. Lyonnaises. — Martiniques (un litre). Bourguignottes fond plat, 26-28 onces, tout verre.................................. Litres extra-clairs et clairs piqués et Cognacs lourds au-dessus de 26 onces. — Egyptiennes. — Hollandaises, tout verre........... Toutes bouteilles, col Mollet, bague simple, fond plat, au-dessus de 26 onces. — Anglaises, moule 296, tout verre............. Raspails.................................	2 »	1 05	0 70
D	Bitters mixtes unis. — Bordelaises extra-claires supérieures...................... Toutes bouteilles quel que soit le verre, au-dessus de 26 onces......................	1 90	1 05	0 70
E	Demi-Cruchons. — Demi-Flûtes. — Picons. — Chartreuses. — Anglaises, Col Mollet, bague simple. — 3/4 Martiniques. — Toutes petites bouteilles, col Mollet, quelle que soit la bague. — Anglaises brasées demi-fortes, 1/2 anglaises, col Mollet. — Litres forme Cognac, tout verre...................	1 80	0 975	0 65
G	Litres fond plat et Saint-Galmier quel que soit le verre................................	1 80	1 »	0 70
	1/2 Bitters unis.......................	1 80	0 95	0 63
H	Bordelaises mixtes supérieures et Bourguignottes ordinaires, quel que soit le verre. — Litres extra-clairs ordinaires piqués.— Demi-Champagnes piqués..............	1 80	1 »	0 65
I	Litres ordinaires mixtes et clairs piqués. — Anglaises piquées ordinaires, quel que soit le verre...........................	1 75	0 975	0 65
K	Cognacs, verre clair et extra-clair	1 75	0 95	0 625
L	Bordelaises extra-claires ordinaires et toutes bouteilles piquées au-dessous de 23 onces en verre extra-clair....................	1 70	0 95	0 65

		Souffleurs	Grands Garçons	Gamins
L	Toutes bouteilles fond plat au-dessous de 22 onces, verre extra-clair et clair, 3/4 fond plat..	1 70	0 95	0 65
M	Les mêmes que dans la série précédente, tout autre verre	1 65	0 90	0 60
N	Demi-Bordelaises, verre mixte et extra-clair de 15 à 17 onces et au-dessus. — Demi-Bourguignottes. — Demi-Cognacs supérieurs	1 70	0 95	0 65
O	Demi-Bordelaises, légéres, verre extra-clair et clair, au-dessous de 15 à 17 onces. — Demi-Cognacs, demi-Litres verre extra-clair et clair piqués..........................	1 65	0 90	0 55
P	Demi-Bordelaises verre mixte, Demi-Litres mixte piqués, Tâtevins piqués verre mixte, sans tapeur de bord, Tâtevins verre extra-clair et clair avec ou sans tapeur, demi et quart fond plat verre clair...............	1 60	0 85	0 55
Q	Demi-Litres fond plat, verre mixte..........	1 50	0 80	0 50
	Quarts fond plat, Tâtevins piqués verre mixte avec tapeur..............................	1 50	0 75	0 50
R	Bitters Puyastier. — Bitters Sécrestat	2 40	1 30	0 85
S	Doubles Litres (si le gamin ne cueille pas tout le verre)............................	2 30	1 30	0 80
	Doubles Litres (si le gamin cueille tout le le verre...........................	2 30	1 25	0 85

Les bagues percées, les doubles bagues et les cachets seront payés en sus du prix fixé pour chaque catégorie, à raison de 0 fr. 30 c., 0 fr. 15 c., 0 fr. 10 c., respectivement aux souffleurs, grands garçons et gamins.

Les prix ci-dessus sont établis avec garniture de 6 0/0.

Comme contrôle des choix, les ouvriers pourront exiger la casse de leurs rebuts, à une heure déterminée, chaque jour, par un employé désigné à cet effet.

Les porteurs sont payés 1 fr. 50 par journée de 8 heures.

Les gamins qui n'auront pas manqué de tout le mois percevront une prime de 10 francs.

Les arrangeurs sont payés à la moyenne des places de grand garçon de la brigade qu'ils arrangent. — Ils sont assurés à 120 fr. par mois. — Ils doivent remplacer les manquants en faisant une demi-journée supplémentaire.

Les relais-souffleurs et grands garçons sont affectés à chaque brigade et reçoivent, s'ils restent inoccupés pendant le travail de leur brigade, une indemnité de 2 francs pour toute la journée, de 1 fr. 50 pour la demi-journée.

Le chauffage, à raison de quatre hectolitres par mois et une indemnité mensuelle de loyer de 5 francs, sont accordés à tous les ouvriers chefs de famille, appartenant à l'une quelconque des catégories ci-dessus (*porteurs exceptés*).

PERSONNEL DE FONTE ET FORGERONS

Les gaziers et dégrilleurs travaillent à trois équipes :
Le salaire des gaziers est de 145 francs par mois.
Le salaire des dégrilleurs est de 115 francs par mois.

Quand il y a des manquants, les hommes des équipes les remplacent en faisant douze heures.

Les forgerons sont payés à raison de 125 francs par mois, pour l'entretien des cannes et du matériel de four correspondant à cinq ouvreaux.

Les ouvriers de ces catégories reçoivent une allocation mensuelle de chauffage dans les mêmes conditions que les verriers.

CE PRÉSENT TARIF ANNULE TOUS LES PRÉCÉDENTS

IV

TARIF DE BORDEAUX ACCEPTÉ PAR CARMAUX, APRÈS LA GRÈVE

Art. 1er. — 1f50 le cent toutes bouteilles depuis le Tâte vin jusqu'à 70c ras goulot.
— 2. — 1.59 — — — de 70 à 72 centilitres.
— 3. — 1.72 — — — de 72 à 105 centilitres.
— 4. — 1.80 — — — Bitters à bague ordinaire.
— 5. — 2. » — — — les Magnums.
— 6. — 2.25 — — — flûtes, champenoises, flacons carrés et similaires.
— 7. — 2.50 — — — de 3 à 4 litres, en faire 1/2 journée et 1/2 journée de 1/4.
— 8. — 2. » — — — grand format assortiment.

Nota. — Il sera payé 0f25 par cent toutes bouteilles à cachet et 0f25 en plus pour les doubles bagues.

La retenue est de 50 francs par mois pendant quatre premiers mois; au total 200 francs.

La campagne ne devra durer plus de douze mois. Au bout de douze mois, le patron devra régler ses ouvriers et leur faire signer un autre engagement s'ils veulent le faire, cela à la volonté des ouvriers grands garçons et gamins.

A Carmaux, la retenue de 200 francs n'est pas faite.

V

CONSULTATION

SUR LA

LOI DES SYNDICATS

A PROPOS DU PROCÈS

Intenté par M. RESSÉGUIER, Directeur des Verreries de Carmaux, contre les journaux *la Petite République* et *la Dépêche*, de Toulouse, et M. Jaurès, député du Tarn.

Après avoir pris connaissance :

1° — De l'assignation en date du 5 octobre 1895 ;

2° — De la collection des articles publiés par le journal *la Dépêche* et le journal *la Petite République*, du 1er août au 25 décembre 1895 ;

J'émets l'avis suivant :

Dans son assignation, M. Rességuier, après avoir exposé dans quelles conditions une double grève éclata aux verreries de Carmaux et du Bousquet-d'Orb, énonce notamment « qu'à la suite de ces grèves et sur la demande de M. Jaurès et des deux journaux assignés, elles sont ardemment soutenues par le parti socialiste tout entier ; qu'une violente campagne de presse a été entreprise par la *Dépêche* et la *Petite République* ; des souscriptions ouvertes, des conférences établies, une vaste agitation organisée ; que les assignés n'ont rien négligé pour détourner et exciter les esprits des ouvriers ; qu'ils ont prêté à la conduite de la Société des mobiles chimériques; qu'ils ont imaginé des complots entre le gouvernement et la Société, des desseins de lutte du capital contre le travail, une atteinte à la liberté du suffrage et à celle des syndicats, une entreprise contre la candidature future de M. Jaurès; qu'au moment où il prétendait travailler à l'apaisement et l'entente, M. Jaurès disait aux ouvriers :

« Vos maîtres associés, votre préfet, votre patron, unis dans une même pensée de haine contre la démocratie et le travail, veulent la lutte et la lutte prolongée. »

« Et la *Petite République*, citée, approuvée par la *Dépêche*, disait :

« M. Rességuier voulait la grève, il l'a voulue pour décimer les militants socialistes et se débarrasser de Jaurès; c'est la guerre au couteau, d'autant plus sauvage qu'elle voue à la famine une population entière; des femmes, des enfants vont souffrir de la faim : qu'importe, ainsi le veut le bon plaisir de l'exploiteur.

« Ces atrocités se commettent au nom de la République, et le gouvernement y associe l'armée et l'on va peut-être renouveler les massacres de Fourmies... »

« Que M. Jaurès disait dans le même sens dans sa dépêche au ministre :

« Voilà la grève rouverte, rouverte par le patron, par lui seul... Si le gouvernement et le patronat ont le courage de faire tirer sur ces braves gens coupables avant tout d'être républicains, que le sang versé retombe sur le triste régime qui, sous le nom usurpé de République, aura préparé ou toléré un tel crime. »

« Qu'on ne peut reproduire tous les discours de M. Jaurès ni les articles de la *Dépêche* et de la *Petite République*, que ces extraits suffisent pour faire apprécier les moyens employés et la portée de la croisade poursuivie depuis deux mois contre la Société et M. Rességuier;

« Qu'on s'efforce de persuader aux ouvriers que la fortune de M. Rességuier a été acquise à leur détriment, que c'est l'exploiteur, que c'est l'infâme Rességuier, et que l'idée que la *Petite République* a réussi à donner de lui à ses lecteurs est telle que quelques-uns d'entre eux « voudraient le voir sur les dalles de la Morgue » ;

« Que cette manière de dénaturer les faits, et ces excitations sont de nature à entraîner les plus graves conséquences, et que le requérant est fondé à en demander compte ;

« Que M. Jaurès, la *Dépêche* et la *Petite République* n'avaient aucun droit d'intervenir dans un débat entre ouvriers et patrons dans le but qu'ils essayaient d'atteindre ;

« Qu'ils ne sauraient s'autoriser de la loi de 1884 sur les syndicats professionnels ; que l'objet de cette loi est d'autoriser les ouvriers à se concerter entre eux pour la défense de leurs intérêts mais qu'elle a, en même temps, empêché que les syndicats, détournés de leur destination, puissent servir à des agitations politiques et à une propagande socialiste ;

« Que dans cet intérêt d'ordre public, elle a interdit l'entrée des syndicats à toute personne étrangère à la profession des syndiqués et déclaré que les syndicats auraient exclusivement pour objet la défense des intérêts économiques, industriels, commerciaux ou agricoles ;

« Que M. Jaurès et les deux journaux assignés ne remplissent pas la première condition et qu'ils ont ouvertement méconnu la seconde ;

« Qu'il leur était donc doublement interdit de s'immiscer dans les grèves... »

En conséquence, M. Rességuier conclut, par ces motifs, et tous autres à déduire en plaidant, « à ce que les assignés soient condamnés à 100.000 de dommages-intérêts et ce solidairement entre eux. »

En résumé, l'assignation dont on vient de résumer les principaux passages relève à la charge des défendeurs deux ordres de faits très distincts : en premier lieu des manœuvres ayant pour but de maintenir et de prolonger le chômage des usines; en second lieu, l'immixtion dans cette grève de tiers étrangers soit au personnel de l'usine, soit au syndicat des verriers.

En examinant tout d'abord le second de ces ordres de faits, il sera plus facile de poser avec précision les questions à résoudre.

§ I. — L'immixtion d'un tiers dans une grève et l'immixtion d'un tiers dans un syndicat sont des faits tout à fait distincts et qui ne sauraient être gouvernés par les mêmes règles.

Il n'existe en fait de grève aucune immunité au profit des syndicats. La loi de 1884 a supprimé l'ancien article 416 du Code pénal, lequel était ainsi conçu :

« Seront punis d'un emprisonnement de six jours à trois mois et d'une amende de 16 à 300 francs ou de l'une de ces deux peines seulement tous ouvriers, patrons et entrepreneurs d'ouvrage qui, à l'aide d'amendes, défenses, proscriptions, interdictions prononcées par suite d'un plan concerté, auront porté atteinte au libre exercice de l'industrie ou du travail. »

La loi de 1884, reconnaissant aux ouvriers d'une même profession le droit de se réunir et de se concerter pour la défense de leurs intérêts industriels, il était, en effet, nécessaire de faire disparaître une disposition qui n'était pas en harmonie avec l'exercice de ce droit d'association tout spécial.

Au contraire, la loi de 1884 a maintenu l'article 414 ainsi conçu :

« Sera puni d'un emprisonnement de six jours à trois ans et d'une amende de 16 francs à 3.000 francs ou de l'une de ces deux peines seulement, quiconque, à l'aide de violences, voies de fait, menaces ou manœuvres frauduleuses aura amené ou maintenu, tenté d'amener ou de maintenir une cessation concertée de travail, dans le but de forcer la hausse ou la baisse de salaire ou de porter atteinte au libre exercice de l'industrie ou du travail. »

Il suit de là qu'une coalition, même formée en vertu d'un plan concerté, ce qu'on peut appeler la coalition simple, est aujourd'hui absolument permise.

La coalition accompagnée de manœuvres est, comme autrefois, interdite.

Les ouvriers non syndiqués peuvent former une coalition simple; les ouvriers même syndiqués ne peuvent former une coalition caractérisée.

La responsabilité des tiers, c'est-à-dire de ceux qui ne sont point ouvriers ni personnellement engagés dans le conflit, se détermine par les mêmes considérations. Leur intervention dans une coalition soutenue par des moyens licites, si elle se manifeste elle-même par des actes licites, ne tombe point sous l'application des textes relatifs aux coalitions délictueuses.

Il en est autrement de l'immixtion d'un non-professionnel dans le fonctionnement ou dans les résolutions d'un syndicat. La loi de 1884 est une loi exceptionnelle; si elle déroge aux articles 291 et suivants du Code pénal, c'est seulement à de certaines conditions et au profit des groupes professionnels.

Une association entre ouvriers de même profession est parfaitement licite, mais l'accession au syndicat d'une ou plusieurs personnes étrangères à la profession peut constituer tout à la fois une infraction à la loi de 1884 et une infraction aux articles 291 et suivants du Code pénal.

On ne saurait tracer *a priori* des règles précises pour déterminer à quel moment cette accession est assez caractérisée pour enlever au syndicat son caractère essentiel; c'est aux tribunaux qu'il appartient de se prononcer; ils distingueront l'assistance prêtée au syndicat, de l'intervention effective dans ses délibérations et de la coopération à ses actes.

Enfin, et pour envisager toutes les hypothèses, si l'intervention d'un tiers dans une grève licite ne constitue pas une infraction délictueuse, ce fait, comme tous autres, peut, suivant les circonstances, constituer un quasi-délit.

L'article 1382 du Code civil s'applique à tous les faits quelconques de l'homme, du moment où ils constituent une faute ou une imprudence. Vis-à-vis des ouvriers dont il se constitue le conseil, le *negotiorum gestor* ou le mandataire, le tiers engagera sa responsabilité s'il agit non dans leur intérêt mais dans le sien propre; s'il cède, en leur faisant commettre des actes préjudiciables pour eux, à des mobiles personnels; vis-à-vis du patron il répondra même de sa seule imprudence.

Mais, à vrai dire, ces idées générales et ces principes certains ne présentent, dans l'espèce actuelle, qu'un intérêt doctrinal, et c'est en présence des faits établis qu'il convient de se placer et de conclure.

§ II. — Les énonciations de l'assignation, les articles de la *Petite République* et de la *Dépêche* établissent que, dès le début et pendant toute la durée du chômage, rien n'a été épargné pour rendre M. Rességuier odieux, pour susciter des haines contre lui et exaspérer les colères.

« Il est un *affameur*. »

« L'opinion unanimement proteste sans distinction de nuance; les journaux républicains dénoncent l'affameur: ce n'est plus Baudot ni Pelletier qu'il faut à l'affameur comme victimes propitiatoires, c'est tout ou presque tout le conseil syndical... Car l'ancien voleur de brevets, l'écumeur des inventions d'autrui, le pirate d'industries qu'est M. Rességuier, ne perd jamais le Nord, d'où vient la lumière, la bonne, celle qui éclaire les spéculateurs de son espèce... Reste à savoir si l'opinion publique laissera commettre un attentat aussi monstrueux, si l'armée nationale sera la complice de ce crime de lèse-humanité... Nous irons de ville en ville dénoncer au peuple républicain ce coup d'État révolutionnaire, et nous demanderons aux ouvriers, aux hommes de cœur, aux démocrates, du pain pour les affamés de Carmaux, pour les victimes du bandit Rességuier. » (*Petite République*, 19 août 1895.)

« Il fait fortune en dépouillant les inventeurs, il fait fortune en affamant des centaines d'hommes, de femmes et d'enfants ; il fait fortune, enfin, en frustrant l'État... Puisque Rességuier règle leurs comptes à ses ouvriers, le moment est venu de régler également le sien propre et surtout malpropre. » (*Petite République*, 22 août 1895.)

« Contre les voleurs qui prennent tout et ne rendent rien, il n'y a point de concurrence possible, pour les honnêtes **gens** surtout, lorsque la justice, les magistrats et les gendarmes, se mettent du côté des premiers. » (*Petite République*, 23 août 1895.)

« Ainsi, le projet abominable de l'affameur Rességuier n'aura été qu'un mauvais rêve ; il voyait déjà les verriers et leurs familles crier famine, implorer pitié ; il goûtait par avance les lamentations et les cris de douleur de ces infortunés, il se repaissait de leurs tortures et s'en pourléchait les babines... Lisez-vous les listes de souscriptions ? Je ne connais point de feuilleton plus passionnant et en même temps plus suggestif de réconfort... Quelle jouissance pour ces suppôts d'affameurs si les 1.100 familles d'honnêtes gens, condamnés à mort par l'escroc Rességuier, avaient souffert et pleuré ! » (*Petite République*, 28 août 1895.)

Venons aux souhaits concernant le bandit en question, c'est-à-dire Rességuier :

« En voilà un qui devrait bien se tuer, non parce qu'il est un miséreux, mais parce qu'il est un misérable. » (*Petite République*, 28 août 1895.)

On ne cite dans cette consultation que quelques extraits entre beaucoup d'autres, des imputations qui se sont chaque jour renouvelées, toujours plus violentes. Les souscriptions elles-mêmes auxquelles il est fait allusion dans un des passages cités plus haut permettent d'apprécier l'impression produite par un tel langage.

Nous ne citons encore, et à ce point de vue que quelques exemples :

« Une bande de miséreux d'Asnières qui voudrait voir le bandit Rességuier faire la danse du ventre : 4 francs. » (*Petite République*, samedi 31 août 1895.)

11

« Un révolté contre le capitalisme, pour le fouet qui torturera Rességuier. » (*Petite République*, 2 septembre.)

« Ceux qui voudraient rencontrer Rességuier à minuit. » (*Petite République*, 15 septembre 1895.)

« Collecte faite par un groupe d'ouvriers pour l'achat d'une corde en faveur de Rességuier. » (*Petite République*, 9 septembre 1895.)

« Une gueule noire qui veut occire Rességuier. » (*Petite République*, 15 septembre 1895.)

Enfin, il convient d'ajouter une dernière citation aux précédentes. Le 14 novembre, la *Petite République* imprime ce qui suit :

« Déjà il a, par son obstination, déprécié de plus d'un quart les actions de la verrerie ; il ruinera son industrie, les autres et lui-même : mais il aura cette joie ; les ouvriers de Carmaux qui l'ont vaincu, qui ont résisté à ses menaces, à ses juges, à son préfet, à sa police, ne travailleront pas, ne mangeront pas ; il les ensevelira même, s'il faut, sous les ruines de sa verrerie. »

Le même journal, au moment où M. Rességuier s'occupait d'embaucher de nouveaux ouvriers, a publié en outre un certain nombre d'informations dont quelques-unes doivent être aussi reproduites :

« Des renégats s'attendaient à ce que Moffre tiendrait les promesses de Rességuier ; il n'en a rien été ; hier soir, après la paye, ces tristes individus se plaignaient dans les cafés d'avoir été abominablement floués. » (*Petite République*, 21 novembre 1895.)

« Nous avons appris à la réunion de ce matin que les renégats étaient fort mécontents des tarifs que Moffre leur impose. Un certain nombre manifestaient leur intention de quitter Carmaux : c'est la débâcle qui s'annonce. » (*Petite République*, 12 novembre 1895.)

« C'est pour obéir aux conseils de M. Leygues que Rességuier a fait battre la Champagne, le Nord, le Bordelais et le Lyonnais pour embaucher coûte que coûte des individus auxquels on collait pour la circonstance l'étiquette de verriers ; il s'agissait, non pas de faire des bouteilles, mais de paraître en faire, de pouvoir présenter des listes suffisamment garnies pour permettre au ministre de faire à la tribune la déclaration arrêtée d'avance... M. Leygues peut continuer à pratiquer comme il l'entend la neutralité ministérielle; M. Rességuier et le préfet peuvent continuer à enfourner dans leurs verreries des bandes d'individus qui boivent, mangent, dorment, mais sont incapables de faire une bouteille. L'opinion publique sait à quoi s'en tenir et il faudra bien au grand jour de la tribune que la vérité éclate. » (La *Dépêche*, 22 octobre 1895.)

« Toute la bande d'ouvriers dont on a dit qu'ils fabriquent par jour 500 à 600 bouteilles, alors qu'ils n'en ont jamais fabriqué autant pendant toute leur vie, grillait des cigarettes dans la cour, mais au travail personne. » (La *Dépêche*, 22 octobre 1895.)

« Mensonges, orgies, tout a été mis en œuvre ; malgré tout cela, sur les quarante personnes qu'on a réussi à amener à Carmaux, il ne se trouve que quatre ouvriers, nous précisons, capables de travailler... Dans toute la région de la Loire, on rit ferme de la façon dont M. Rességuier remplace son personnel. Partout on est heureux qu'il ait procédé ainsi parce qu'il a débarrassé le pays d'une bande d'individus connus surtout pour leur assiduité au cabaret. » (La *Dépêche*, 25 octobre 1895.)

« Vendredi soir, par le train de 10 h. 12, est arrivé à Carmaux un nouveau convoi d'ouvriers étrangers, embauchés dans le Nord et dans la Champagne. Le nombre des arrivants était de vingt-cinq ; ils étaient conduits par Saintoyen, le sous-directeur du Bousquet-d'Orb.

« Décrire les brutalités de cet agent de Rességuier est impossible ; à moins de l'avoir vu à l'œuvre, il est impossible de s'en faire une idée. Aussi était-ce avec pitié que partout dans les gares où il permettait au troupeau humain placé sous sa protection de descendre, on voyait malmener les pauvres ouvriers qu'à grand renfort d'argent et d'eau-de-vie, il a réussi à amener à Carmeaux. Mais là n'est point le plus important, d'autant plus que malgré les précautions prises, malgré le déploiement vraiment incroyable de gendarmes et de policiers chargés de surveiller étroitement les nouveaux débarqués, la plupart d'entre eux ont déclaré qu'ils ne voulaient point travailler et ne demandaient qu'à s'en retourner chez eux après entente avec le comité de défense. » (La *Dépêche*, 10 novembre 1895.)

« Nous disions avant-hier que les renégats sont littéralement furieux contre M. Rességuier, qu'ils accusent ouvertement de les avoir bercés de fallacieuses promesses pour les amener à Carmaux ; ses émissaires ne reculaient devant rien ; aux pseudo-ouvriers qu'ils voulaient embaucher, ils promettaient des salaires fantastiques ; on leur assurait une véritable existence princière. Au moment venu de la mise à exécution de toutes ses promesses singulièrement alléchantes, M. Rességuier, qui voit crouler tous ses beaux projets, a rechigné, et les salaires mirobolants qu'il faisait miroiter aux yeux de ces vide-bouteilles, les primes que les journaux à la solde du grand verrier annonçaient à grand fracas se sont évanouies et ont fondu comme neige au soleil, d'où clameurs et colère dans le camp des renégats, qui criaient de tous côtés, lundi soir, après avoir touché leur paye, au mensonge et à la tromperie. Une soixantaine, nous garantissons le chiffre, déclaraient à M. Moffre que, puisqu'il ne tenait pas les engagements pris à leur égard, ils quittaient la verrerie. » (La *Dépêche*, 22 novembre 1895.)

Ces quelques extraits montrent tout à la fois le but poursuivi ; maintenir à tout prix le chômage et les moyens employés. De même que rien n'a été négligé pour rendre le patron odieux à ses ouvriers, de même les manœuvres se succèdent dans le but d'empêcher de nouveaux engagements.

Ces faits étant ainsi précisés et sans qu'il soit nécessaire de les colorer davantage en faisant aux deux journaux, *la Petite République* et *la Dépêche*, de plus amples emprunts, il apparaît que l'action en responsabilité intentée par M. Rességuier est absolument justifiée.

Elle est tout d'abord justifiée en tant qu'action civile exercée à l'occasion de faits délictueux.

Il est certain qu'une grève, une coalition, entretenues au moyen de manœuvres déloyales, est par là même délictueuse aux termes de l'article 414. Des injures graves, des imputations précises dirigées contre le crédit moral du patron, des diffamations caractérisées sont, au premier chef, des manœuvres au sens de la loi ; elles sont délictueuses, abstraction faite de toute application de la loi de

1881 sur la presse; elles sont délictueuses en tant qu'elles sont liées à là coalition et par là même elles constituent le délit de l'article 414.

C'est ce qui a été jugé notamment par un arrêt de la Cour de Montpellier, en date du 20 mai 1886. (S. 1886, 2e *partie, p.* 160).

« Attendu, porte l'arrêt, que le délit d'atteinte à la liberté du travail et de l'industrie, même accompli par la voie du journal et par la publication de fausses nouvelles, est étranger aux matières de la presse, qu'il est donc resté en dehors de sa réglementation et a conservé l'existence légale qui lui est propre, quels que soient les voies et les moyens qui ont pu servir à le commettre; que ce délit a échappé par ses caractères et sa qualité aux prescriptions de la loi du 29 juillet 1881, et n'a pas cessé d'être exclusivement régi par l'article du Code pénal qui l'a créé et défini, et qu'il coexistait avec les incriminations de la législation antérieure sur la presse en matière de fausses nouvelles, qu'il en résulte qu'alors même que la poursuite dirigée contre Duc-Quercy et Roche eût reposé uniquement sur des manœuvres frauduleuses accomplies par la voie de la presse, la juridiction correctionnelle était seule compétente en l'état et dans les termes de la prévention pour statuer sur la poursuite. »

Si les fausses nouvelles répandues dans le but de prolonger ou d'exaspérer une grève constituent les circonstances prévues par l'article 414, il n'est pas douteux que la diffamation, l'injure, l'excitation à la haine de la personne du patron, les fausses rumeurs répandues dans le but soit d'éloigner les ouvriers de l'usine, soit d'empêcher d'autres ouvriers d'y entrer, rentrent également dans les prévisions de l'article 414.

La grève de Carmaux, envisagée au point de vue des moyens employés, soit pour la susciter, soit pour la maintenir, est donc caractérisée par la réunion certaine des circonstances constitutives du délit.

Or, il est de principe incontesté que l'action civile née d'un délit peut être exercée indépendamment de l'action publique (art. 5 du Code d'instruction criminelle), et qu'elle peut être portée devant le tribunal civil. Elle se confond avec l'action ouverte par l'article 1382. Il n'existe, si les manœuvres ont été commises par la voie de la presse, d'autre restriction à ce principe que celle apportée par les articles 31 et 32 de la loi de 1881 pour des cas absolument étrangers à l'espèce.

Si on envisage les mêmes faits, les mêmes publications, les mêmes écrits, les mêmes injures, abstraction faite de toute relation avec la grève, ils constituent le délit d'injures publiques et de diffamation par la voie de la presse. A ce second point de vue l'action civile est encore fondée et peut être poursuivie devant les tribunaux civils.

Enfin tous les faits ci-dessus rappelés et précisés dans l'assignation, sans qu'il soit besoin de rechercher l'intention coupable, constituent tout au moins des fautes, et à ce titre encore l'article 1382 leur est applicable.

Ce n'est pas, sans doute, qu'il appartienne au demandeur, en faisant abstraction du caractère délictueux des faits relevés, de présenter aux tribunaux comme de simples quasi-délits des actes qui tomberaient sous la répression des lois pénales. Une jurisprudence constante enseigne qu'il appartient toujours aux tribunaux d'apprécier le caractère légal des faits qui leur sont soumis. (*Cassation 9 janvier*, 1882 : *S.*, 1803 ; *I.*, 395. — *Cassation, 7 mars* 1877 ; *S.*, 1878 ; *I.*, 97.)

Mais cette doctrine ne présente d'intérêt qu'au point de vue de la prescription. C'est ainsi qu'il a été maintes fois jugé que l'action fondée sur l'article 1382, à raison de faits constitutifs de la diffamation est prescrite dans le délai de trois mois, conformément à la loi de 1881.

L'assignation qui a ouvert l'instance actuelle se place à la date du 5 octobre 1895 ; aucune prescription ne saurait donc être opposée. Un très grand nombre de faits relevés ne constituent d'ailleurs point le délit prévu et puni par la loi de 1881, mais le délit de l'article 414 du Code pénal soumis à la prescription ordinaire.

Enfin, les manœuvres employées pour empêcher le recrutement du personnel de l'usine, sont des faits qui, envisagés en eux-mêmes, présentent exclusivement le caractère de quasi-délit et l'action civile qu'ils motivent n'est susceptible que de la prescription de droit commun.

Par son assignation, M. Rességuier se place sur le terrain de l'article 1382 ainsi conçu :

« Tout fait quelconque de l'homme qui cause à autrui un dommage, oblige celui par la faute duquel il est arrivé à le réparer. »

Cet article 1382 peut être invoqué aussi bien lorsque le demandeur se fonde uniquement sur un quasi-délit que lorsqu'il invoque des faits susceptibles de constituer un délit caractérisé.

Il résulte des constatations qui précèdent que la série des actes relevés par M. Rességuier, si on les envisage dans leurs relations avec la grève, présentent tous les caractères du délit de l'article 414. Si on les envisage, abstraction faite de la grève, ils constituent encore des délits prévus et punis par la loi de 1881.

Si on fait abstraction de tout caractère délictueux, ils constituent encore évidemment des fautes, des actes d'imprudence, de malveillance dont les auteurs doivent être rendus responsables.

Dans l'appréciation des fautes de cette nature et sans prétendre tracer aux tribunaux des règles d'interprétation, il apparaît d'ailleurs qu'une distinction doit être faite entre les intéressés dans la grève, c'est-à-dire les ouvriers et ceux qu'on a plus haut appelé les tiers ou les non-professionnels. Les premiers, engagés dans un conflit d'intérêt qui leur est personnel, peuvent plus aisément se tromper sur la mesure de leur droit et dans l'appréciation de leurs actes et de leurs paroles ; il y a lieu de tenir compte des événements sous l'impression desquels ils agissent.

Les seconds, au contraire, libres d'intervenir ou de ne

point intervenir dans un débat de cette nature, généralement plus éclairés, mieux instruits de ce qui est permis et de ce qui est défendu, s'exposent à une responsabilité d'autant plus lourde que leur intervention semblera motivée par des intérêts différents de ceux qu'ils prétendent défendre.

Enfin, et sans même qu'il y ait à considérer à quel mobile ils ont obéi, toutes les injures, toutes les diffamations, tous les actes préjudiciables aux intérêts de l'industriel qu'ils combattent, justifient amplement l'action introduite par celui-ci pour obtenir la réparation du préjudice qu'il a éprouvé.

WALDECK-ROUSSEAU,.

Ancien ministre.

VI

JUGEMENT DU TRIBUNAL CIVIL DE TOULOUSE

Le Tribunal civil de Toulouse a, dans le procès intenté par M. Rességuier contre M. Jaurès, la *Dépéche* et la *Petite République*, débouté M. Rességuier de sa demande, par un jugement motivé comme suit :

Attendu qu'au nom de la Société des Verriers de Carmaux et du Bousquet-d'Orb, dont il est l'administrateur délégué, Rességuier poursuit contre Jaurès, député, et contre les gérants du journal *la Petite République* et du journal *la Dépéche*, assignés conjointement et solidairement, la réparation pécuniaire du préjudice causé à son industrie par divers actes qu'il impute aux défendeurs et qui présenteraient un caractère illicite; que cette action se fonde, en droit, sur l'article 1382 du Code civil, c'est-à-dire sur le principe de la responsabilité incombant à celui qui par son fait quelconque, mais, toutefois constitutif d'une faute, occasionne un dommage à autrui; que, d'après Rességuier, Jaurès et les journaux mis en cause auraient par la violence de leur langage ou de leurs écrits, les injures, les diffamations ou les menaces qu'ils publiaient contre lui, les fausses nouvelles qu'ils ont répandues, l'agitation qu'ils ont soulevée, leurs appels enflammés à la solidarité, l'active propagande de leurs souscriptions, enfin, par une série de manœuvres caractéristique du délit spécifié dans l'article 414 du Code pénal, surexcité l'esprit des ouvriers en grève, et, dès lors, maintenu, sinon provoqué, au détriment des légitimes intérêts du demandeur, une cessation de travail qui, sans l'intervention délictueuse des parties assignées, n'eût point tardé à prendre fin;

Attendu qu'ainsi précisée, d'après les termes suivant lesquels elle se trouve nettement posée, non seulement par l'exploit introductif d'instance, mais encore par les conclusions prises, sur l'audience, au nom de Rességuier, la difficulté soumise à l'examen du Tribunal ne saurait ni s'égarer ni se confondre avec les questions approchantes que l'action du demandeur aurait pu soulever, mais que sa volonté en a manifestement écartées; qu'il est évident, en premier lieu, que Rességuier ne se plaint point d'un préjudice l'ayant atteint personnellement, puisqu'il agit, non pas en son nom personnel, mais au contraire, en sa qualité d'administrateur délégué des Verreries qu'il représente, que, d'un autre côté et à ce même titre, c'est exclusivement sur le dommage souffert par son industrie que porte et peut porter le dommage purement matériel dont le demandeur poursuit la réparation; que l'équivoque, sur ce point, est d'autant moins possible qu'il prend le soin, dans ses conclusions, de décomposer le chiffre total de l'indemnité qu'il réclame et le divise: 1° en une somme de 97.386 francs à raison de la perte subie, et 2° en celle de 60.000 francs pour la privation de bénéfice, offrant, au besoin de justifier ces deux chiffres, par état, d'après la production de ses livres; que, de plus, par une conséquence logique du système par lui choisi, les faits particuliers sur lesquels Rességuier fonde sa démonstration : injures, menaces, diffamation ou autres de même nature, ne sont point retenus, à raison de la portée dommageable qui leur serait propre, mais simplement comme manœuvre au sens de l'article 414 du Code pénal;

Que la citation a été incontestablement rédigée dans cet esprit, et que, d'un autre côté, les conclusions d'audience disent expressément : « La question est de savoir si les actes, les paroles, les articles reprochés aux défendeurs sont des manœuvres frauduleuses », si bien que, s'assurant au cours des débats, par l'approbation formelle de son contradicteur, que tel était le terrain de la discussion, M⁰ Goblet en a pris acte, jugeant inutile, après cette déclaration, de se prévaloir de la prescription qui pourrait couvrir en eux-mêmes la plupart des faits incriminés ;

Attendu que cette série de constatations certaines, non contestables, était d'autant plus importante à mettre en lumière qu'elles ont pour résultat de rendre sans application, dans l'espèce, presque toutes les décisions de jurisprudence qui ont été signalées et qui concernent, à l'inverse du procès actuel, la réparation de préjudices exclusivement personnels prenant leur source dans la diffamation ; qu'en outre, l'arrêt de la cour de Lyon du 2 août 1895, rapporté dans le journal *la Loi* du 11 décembre 1895, est sans importance dans la cause, puisque cet arrêt constate la violation d'un contrat de société et ne vise nullement l'article 1382 du Code civil ; que l'on ne comprendrait pas différemment comment le simple fait par les défendeurs « d'avoir poussé à la grève » ou encore « fait naître par leur attitude, dans l'esprit des ouvriers, la croyance qu'ils étaient avec les grévistes », alors que la grève constitue en soi un acte licite, aurait suffi à motiver contre eux une condamnation à des dommages ;

Attendu, ces précisions faites, qu'une première question se pose : celle de savoir si l'article 414 du Code pénal peut être appliqué dans l'espèce, que ledit article suppose, en effet, qu'une cessation de travail a été concertée entre ouvriers dans un but déterminé, et que cette cessation de travail est provoquée ou maintenue à l'aide de moyens illicites, notamment de manœuvres frauduleuses ; qu'ici, la situation de fait est sensiblement différente ; que les ouvriers de Carmaux s'étaient mis en grève à raison du renvoi de leurs camarades Baudot et Pelletier, mais que l'intervention du député Jaurès les avait presque aussitôt après décidés à reprendre le travail, tout en subissant ce renvoi, et que le conflit, avec le commencement de grève qui en avait été la suite semblait de la sorte heureusement terminé; qu'à ce moment, la rentrée immédiate des ouvriers se trouvant ainsi résolue et même annoncée, ainsi qu'il appert d'un télégramme adressé le 6 août à Rességuier, au nom des verriers, celui-ci fit publier le même jour un avis aux termes duquels il faisait connaître sa volonté de laisser l'usine fermée et de ne la rouvrir qu'ultérieurement dans des conditions non encore déterminées; que tel était incontestablement le droit absolu du demandeur, mais qu'il est permis de se demander si la cessation du travail, imposée, dans ces conditions, aux ouvriers par le patron qui les congédiait, après leur avoir fait remise individuelle de leurs livrets, répond bien aux prévisions de l'article 414 du Code pénal, envisagé soit dans son texte, soit dans son esprit; qu'il suffit, à cet égard, de constater qu'ayant une telle cause et se perpétuant sous l'influence de la même origine, le long chômage des usines appartenant à la Société que représente Rességuier n'a point été la conséquence d'une cessation de travail concertée par les ouvriers, et que tout, en matière pénale, est de droit étroit;

Attendu, cependant, qu'à défaut du délit spécial emprunté aux dispositions de l'article dont il vient d'être parlé, les faits incriminés pourraient constituer ou des délits d'un autre ordre ou des quasi-délits motivant contre les défendeurs, la responsabilité écrite dans l'article 1382 du Code civil; qu'il faut donc rechercher si cette responsabilité n'aurait point été, dans tous les cas, encourue, ou si, au contraire, elle devrait être considérée comme sans fondements, soit à raison du caractère licite des faits dont s'agit, soit parce qu'ils seraient sans relation de causes à effet avec le préjudice à réparer;

Attendu que l'ingérence des tiers dans une grève peut incontestablement devenir une cause particulière de préjudice; indépendamment de la grève elle-même, pour l'industrie contre laquelle la cessation de travail est dirigée; que cette ingérence, en effet, a pour résultat presque inévitable d'augmenter l'agitation et de rendre la lutte plus ardente comme la résistance plus prolongée; que, néanmoins, ce ne sera point là une cause de réparation civile, si, quoique dommageable pour autrui, semblable intervention présente un caractère licite, puisqu'aux termes de l'article 1382 du Code civil, celui-là seul est responsable qui a commis une faute, et qu'il n'y a point faute à user d'un droit, sans d'ailleurs en abuser;

Attendu, en conséquence, que le droit de grève pour les ouvriers étant admis par notre législation, sans qu'il y ait lieu d'établir juridiquement une distinction entre la grève ayant une cause juste et celle qui serait injuste ou abusive, il faut considérer comme une conséquence nécessaire de ce droit sans laquelle il ne pourrait utilement s'exercer, le concours donné par les tiers à la grève; que, s'il en pouvait être autrement, le législateur de 1864, en supprimant le délit de coalition, n'aurait concédé aux ouvriers qu'un avantage illusoire, sinon dangereux, puisque, livrés à eux-mêmes, sans secours possible, ni conseils du dehors, ils se seraient trouvés bien souvent placés dans l'alternative d'abdiquer de justes revendications ou de recourir à la violence pour les faire triompher; qu'il ne suffirait point certainement pour justifier ce droit des tiers à s'immiscer dans la grève, de constater qu'aucun texte de loi ne le leur interdit, étant donné d'autre part qu'une telle immixtion est de nature à porter préjudice à autrui, mais que tout autre est sa légitimité, alors qu'elle apparaît, ainsi qu'il vient d'être dit, comme une suite nécessaire du droit de coalition, et qu'elle trouve ainsi dans la sanction légale de ce dernier droit sa propre consécration.

Attendu, dès lors, que les ouvriers qui se sont concertés pour cesser leur travail peuvent accepter ou même provoquer tous les concours qu'ils jugent utiles à leur défense, pourvu qu'il ne s'agisse point de concours demandés à des moyens coupables; que c'est ainsi qu'il ne saurait leur être interdit de s'appuyer sur les conseils et l'expérience d'hommes, députés, journalistes ou autres, investis de leur confiance, de suivre leur direction ou encore de faire publiquement appel à l'opinion pour y trouver un soutien soit moral, soit matériel, de même qu'à la solidarité de tous ceux qu'intéresse leur cause;

Attendu, sans doute, qu'il peut sembler périlleux pour la paix sociale de tolérer certains excès de plume ou de langage dont les grèves deviennent parfois l'occasion ou le prétexte, de même que l'agitation malsaine suscitée autour d'elles, par quelques fauteurs de désordres, mais que toute loi de liberté et de progrès est susceptible d'engendrer des abus, sans qu'il convienne, pour cela, de supprimer le progrès ni la liberté; que les droits les plus incontestés ont eux-mêmes leurs abus : abus de propriété, abus de jouissance et autres, et qu'il suffit de réprimer ces abus, sans porter atteinte au droit lui-même; qu'il serait, en outre, injuste de ne pas constater que, comme contrepoids à tous ces regrettables excès, c'est fréquemment aussi, dans un esprit de conciliation et d'apaisement, que des tiers se mêlent à une grève, afin de calmer, au plus tôt, un conflit dont tous, et les ouvriers plus particulièrement, seraient destinés à souffrir; qu'enfin, si l'intervention en faveur de la grève n'était point permise, il faudrait, par une juste réciprocité, interdire celle qui veut s'exercer en faveur du patron, et admettre, avec la thèse soutenue au nom de Rességuier, que tout cela, quoique patent et public, ne regarde point les tiers, ni la presse appelée à éclairer l'opinion, ni la représentation nationale qui a pour mission de s'intéresser à tout ce qui touche à l'ordre public, ni personne autre que ceux, patrons et ouvriers, directement intéressés à la solution du différend qui les divise, et qu'il ne s'agit, après tout, que d'intérêts d'ordre privé régis exclusivement par le principe de l'article 1382 du Code civil, en vertu duquel nul ne peut porter préjudice à autrui;

Attendu que, vrai en lui-même, ce principe est mis, néanmoins, en échec, toutes les fois que c'est de la Loi elle-même ou de ses conséquences nécessaires que dérive le préjudice dont se plaint celui qui l'invoque; qu'avant la loi de 1864, qui a reconnu aux ouvriers le droit de se concerter pour la cessation du travail, l'industrie se trouvait, assurément, dans une situation plus facile, moins privilégiée, et qu'on peut dire, à ce point de vue, qu'elle a souffert un grave préjudice, dans ses intérêts matériels, lorsque, sous l'influence d'un sentiment plus élevé de Justice et d'Égalité, le Législateur, en vertu de l'autorité qui lui appartient, a remis aux mains des travailleurs une force capable de contre-balancer celle du patron; que le patronat, cependant, a dû s'incliner, parce que telle était la toute-puissance de la Loi, parlant au nom du Droit social, dans un intérêt supérieur aux intérêts privés qu'elle pouvait léser, et s'imposant, par cela même, au respect de tous; que ce qui est dû à la Loi est dû, par cela même, à tout ce qui en constitue l'accessoire indispensable, et que l'on se trouve ainsi conduit à tenir pour licite parmi les faits incriminés l'intervention des défendeurs en faveur des grévistes de Carmaux, ainsi que leur participation à la propagande organisée, sous forme de souscriptions ou autrement, pour intéresser le public à leur sort et leur venir en aide; qu'il y a lieu, seulement, de rechercher si, en usant de ces divers droits, les mêmes défendeurs n'en ont point fait, à l'encontre de Rességuier, un abus dommageable.

Attendu qu'il est indéniable que, pendant toute la durée de la grève, Rességuier a eu à subir de la part des assignés les attaques les plus véhémentes; qu'il était dénoncé à l'opinion, tant dans leurs discours que dans leurs écrits, en termes flétrissants, comme ayant édifié une fortune considérable par des moyens que l'honneur réprouve, et spécialement par la contrefaçon ou par des tarifs de faveur obtenus à l'aide de coupables complaisances; qu'on le signalait aussi comme un affameur du peuple; qu'on lui prodiguait journellement les plus violentes invectives ainsi que les menaces; que sous toutes les formes l'on s'attachait à surexciter contre lui l'esprit public, et que les termes dans lesquels diverses souscriptions étaient mentionnées dans le journal qui les reproduisait témoignaient de cet état de surexcitation; qu'enfin les nouvelles les plus fausses étaient mises en circulation sur son compte et notamment au sujet des embauchages des ouvriers du dehors qu'il s'efforçait de réaliser;

Attendu que de semblables procédés excèdent singulièrement les bornes d'une polémique permise et que l'ardeur acharnée de la lutte ne les saurait excuser, qu'avant de s'engager dans le conflit qu'il a soutenu jusqu'au bout avec une indomptable énergie, se constituant, en quelque sorte le champion du patronat contre certaines revendications syndicales qu'il jugeait inacceptables, Rességuier avait depuis longtemps donné des preuves non équivoques de la générosité de son cœur à l'égard de ses ouvriers, et que si dans la mêlée implacable des passions alors déchaînées, plus de sincérité avait été possible, cette justice lui eût été rendue; qu'il a dû certainement faire violence à ses sentiments, s'il a entrevu tout ce qu'une pareille lutte pouvait engendrer de souffrances, de misères et susciter de haines, mais qu'il a considéré comme un devoir de la soutenir jusqu'au bout sans défaillance, comme sans crainte d'aucun danger personnel;

Attendu qu'envisagées avec le caractère juridique qui leur est propre, les attaques violentes dont Rességuier a été victime rentreraient pour la plupart dans les prévisions de la loi de 1881 sur la presse, et, à ce point de vue se trouveraient aujourd'hui prescrites, puisque plus de trois mois se sont écoulés depuis la date de la citation et qu'aucun acte caractérisé de poursuite n'est venu en interrompre la prescription; mais que le demandeur, ainsi qu'il a été dit plus haut, a formellement déclaré ne vouloir les retenir que comme manœuvre, au sens de l'article 414 du Code pénal ou, dans tous les cas, si cet article devait être écarté, que comme quasi-délit justifiant l'application de l'article 1382 du Code civil ; que le préjudice invoqué résulterait de ce que, sous l'influence de ces divers agissements des défendeurs, la cessation du travail se serait maintenue au delà de sa durée normale et aurait, en se prolongeant, porté atteinte à la prospérité de l'industrie que Rességuier représente ; qu'il faut donc rechercher si réellement cette intime relation de cause à effet existe dans la cause ;

Attendu que, pour résoudre cette question, il est indispensable de bien voir dans quelles circonstances de fait exceptionnelles, et probablement sans précédents, la lutte se trouvait engagée entre Rességuier et ses ouvriers, avant qu'aucune ingérence étrangère se fût produite et eût pu en aggraver l'excitation ; qu'il importe, à ce point de vue, de rappeler qu'après un commencement de grève, auquel ils avaient renoncé, les verriers se disposaient à reprendre le travail sans condition, se résignant même au congédiement qui leur avait été imposé de leurs camarades Baudot et Pelletier, lorsque fut publié tout à coup l'avis donné par l'administration des verreries que les usines seraient fermées jusqu'à nouvel ordre pour ne se rouvrir qu'ultérieurement à une date indéterminée, après renvoi des meneurs et réduction des salaires ; qu'il n'a point été sérieusement soutenu au nom de Rességuier que l'adoption de ces mesures rigoureuses lui eût été inspirée par les termes injurieux de la proclamation publiée par les grévistes et qu'il paraît, au contraire, démontré qu'au moment où il signifiait ainsi sa volonté, cette proclamation parue seulement le lendemain lui était encore inconnue, qu'ainsi, malgré la soumission dont ils avaient fait preuve, et qui devenait d'autant plus humiliante qu'elle restait pour eux sans résultat, les verriers se voyaient encore menacés, sous peine de n'être point admis à rentrer à l'usine, de renoncer à l'esprit de solidarité qui fait leur force, et à la réduction du prix de leur travail qui constitue leur unique ressource; qu'en outre, ces deux conditions affectaient, à leur égard, la portée d'une leçon qu'ils recevaient pour n'avoir point sacrifié leur droit de grève à la majoration des salaires dont ils avaient été jusqu'alors gratifiés, et qui, dans la pensée du demandeur, constituait comme la rançon de ce droit; que cependant il eût été facile à Rességuier d'éviter un aussi douloureux conflit s'il se fût montré animé d'un esprit plus conciliant, et aussi mieux pénétré de ce besoin d'harmonie qu'il est si désirable de voir s'établir entre le capital et le travail; s'il eût compris surtout que des incidents aussi redoutables, dont l'explosion ne peut que troubler la paix sociale et laisser après elle des haines difficiles à éteindre ne sauraient être soulevés sans nécessité absolue et qu'ici le danger en pouvait être aisément conjuré, puisque les ouvriers venaient de renoncer d'eux-mêmes à leur projet de grève, et de subir les exigences de leur patron; que c'est, dès lors, en regard de cette position respective des ouvriers et du patron, au moment où la cessation du travail avait lieu, qu'il faut se placer, pour apprécier avec justice quel appoint nouveau de force et de résistance l'intervention des défendeurs a pu apporter à ce conflit déjà suraigu, et quelle action leur ingérence a vraiment exercée sur la prolongation de la grève;

Attendu qu'il est indéniable que sans l'appui moral et matériel qu'ils ont reçu les grévistes se fussent trouvés plus aisément réduits à une prompte capitulation, mais que ce serait mal poser la question que de l'envisager sous cet aspect incomplet : qu'en effet, l'intervention des tiers, suivant la distinction précédemment établie, ne saurait être rendue dommageable et condamnée que dans ce qu'elle a eu d'excessif et non dans ce qu'elle présentait de licite; qu'il s'agit donc de savoir si, étant permis les encouragements donnés avec mesure par la plume ou par la parole à la cause des grévistes, ainsi que les souscriptions recueillies en leur faveur, tout ce qui, dans les faits incriminés doit être envisagé comme outrepassant cette juste mesure : injures, diffamations, menaces, fausses nouvelles ou autres excès équivalents, peut être considéré, dans l'espèce, comme ayant été suffisant pour augmenter la durée de la grève, et, par suite, déterminer le préjudice spécial dont se plaint le demandeur ; qu'il faut retenir, d'un autre côté, qu'en cette qualité de demandeur, Rességuier est tenu de rapporter, sur ce point, une démonstration ne laissant aucune place au doute ou à l'incertitude ;

Attendu que, si l'on tient compte de la gravité des intérêts que la lutte mettait en présence, et des conditions particulièrement irritantes dans lesquelles le conflit est né, il paraît impossible d'affirmer avec certitude que, sans les excitations malsaines qui leur sont venues du dehors, et agissant uniquement sous l'empire de l'exaspération qu'avait soulevée en eux l'attitude de Rességuier, les verriers n'auraient point poursuivi la grève avec l'intensité de durée et d'énergie qu'elle a revêtue ; qu'il est certain que les ouvriers ne se sont rendus qu'à la dernière extrémité, alors qu'ils pouvaient craindre que les secours mis jusqu'alors à leur disposition ne tarderaient point à leur faire défaut ou que, s'ils ne se hâtaient point de rentrer, leur place à l'usine serait bientôt occupée, mais qu'il est permis de se demander si c'est à la forme plus ou moins violente des excitations auxquelles ils étaient en butte, plutôt qu'au fond même des choses et à leur propre entraînement, que ce résultat doit être attribué, et si, ces excitations n'ayant pas eu lieu ou ne s'étant produites que sous une forme plus modérée, ils n'auraient point déployé la même résolution dans la lutte, tant que ne s'étaient point déclarées les causes de découragement ou d'infériorité qui les ont déterminés à la cesser ;

Attendu, d'ailleurs, que l'on n'aperçoit pas bien en quoi,

parce qu'il a été traité publiquement d'affameur du peuple ou de contrefacteur, signalé, en outre, comme jouissant de tarifs privilégiés ou ayant édifié une fortune considérable, les grévistes, qui travaillaient depuis longtemps chez Rességuier et auxquels toutes ces imputations étaient connues bien avant la grève, auraient, sous leur influence, déterminante, persisté à ne point reprendre le travail, de même qu'ils auraient pu se laisser prendre aux faux renseignements consistant à nier le nombre ou la valeur des embauchages ainsi que l'allumage des fours après la reprise partielle du travail, alors qu'ils étaient témoins de ce qui se passait à cet égard sous leurs propres yeux; que ce ne serait là, dans tous les cas, qu'une conjecture démentie par bien des considérations contraires; qu'il serait plus rationnel de prétendre que c'est, à vrai dire, sur l'opinion à laquelle s'adressaient principalement les défendeurs que ces manœuvres contre Rességuier ont pu faire impression en intéressant, dans une mesure plus large, le public à la cause des grévistes, et que ceux-ci en ont bénéficié par le produit des souscriptions leur arrivant plus abondantes et leur permettant ainsi de prolonger la résistance; mais que, ramenée à cette dernière hypothèse, la difficulté consisterait toujours, comme pour les ouvriers eux-mêmes, à savoir si, par ses seules causes originelles et dépouillée de toutes ces excitations coupables, la grève n'aurait point éveillé dans le public les mêmes sympathies et les mêmes dévouements, étant donné surtout que c'est dans le monde des travailleurs qu'ils se sont manifestés, et que le sentiment de la solidarité ouvrière pouvait suffire à les susciter; que, considérée sous cette nouvelle face, la difficulté comporterait une solution identique;

Attendu, au surplus, que lorsque est survenue la reprise du travail, toutes ces excitations se poursuivaient avec un égal acharnement, et que cependant la grève a pris fin; que, dès lors, si malgré la persistance de cette excitation, la lutte a cessé de même qu'elle avait commencé avant elles, l'on n'aperçoit pas bien, avec la rigueur que comporte une démonstration juridique, étant donné, encore une fois, qu'il s'agissait d'une grève exceptionnellement intense et portant en elle-même les éléments de sa durée, pourquoi, nécessairement, c'est à cette cause particulière plutôt qu'à toute autre que le préjudice invoqué serait imputable; qu'on peut soulever, à cet égard, bien des probabilités, mais plus difficilement découvrir dans le rapprochement des faits ainsi envisagés un rapport évident de cause à effet;

Attendu qu'une circonstance plus probable et d'une portée plus décisive serait celle relative aux désembauchages; qu'il est soutenu, en effet, au nom du demandeur, que de nombreuses défections se seraient produites dans le personnel que Rességuier venait de recruter si péniblement à travers la France, et que ces défections seraient l'œuvre des parties assignées; qu'il faut donc examiner ce grief en fait et en droit;

Attendu, en fait, que, de ce chef, il a été invoqué : 1° deux lettres non légalisées, et portant, l'une la signature de Renoy et l'autre trois signatures Renoy et une signature Chaubard; 2° trois exemplaires de journaux, l'un du 20 août du journal *la Dépêche*, le second du même journal à la date du 10 octobre, et le troisième, en date du 21 novembre, extrait du journal *la Petite République;*

Attendu que, pour les lettres, il est à peine besoin de faire remarquer qu'elles n'offrent aucune garantie, et que, de plus, elles sont écrites, l'une et l'autre, en termes identiques, d'après un modèle unique; que restent donc les trois séries d'articles précités;

Attendu que les articles dont s'agit doivent être écartés dans leur ensemble et sans qu'il soit même nécessaire de recourir à leur examen spécial; qu'en effet, l'on y trouve énoncés des faits assez nombreux, relatant avec une grande abondance de détails et une complaisance manifeste les mésaventures d'un certain nombre d'ouvriers du dehors récemment embauchés, les mesures prises pour les proté-

ger en cours de route comme à leur arrivée, la défection
d'un grand nombre d'entre eux, les moyens employés pour
parvenir à leur recrutement, et leurs déceptions ultérieu-
res ou autres récits ayant la même tendance, mais qu'il
faudrait, en outre, établir que tous ces faits sont faux et,
par leur énonciation mensongère, constituent la manœuvre de l'article 414 ou tout au moins un quasi-délit, car,
autrement, s'ils sont vrais, il n'y a ni manœuvre ni fait
illicite, et les grévistes ou les tiers qui les assistaient se
seront bornés à défendre par la propagation de la vérité
sur ce point l'état de grève qui était leur droit absolu,
tout comme Rességuier avait eu le droit absolu de les ren-
voyer lorsqu'ils voulaient reprendre le travail; que la
preuve de ces prétendues allégations mensongères n'a
point été fournie ni même offerte, et que, malgré toute
son énergie, la simple affirmation sur ce point de Rességuier ne peut en tenir lieu;

Attendu, sans doute, que tous ces articles, étant donné
surtout l'esprit dans lequel ils sont écrits, ont pu décou-
rager les dispositions d'un nombre plus ou moins grand
d'ouvriers sur le point de s'embaucher, et que la perspec-
tive de subir les épreuves, dont ils lisaient le récit dans
les journaux, rendaient irrésolus, mais que pourtant si
ces faits étaient vrais, l'exigence ne saurait être poussée
jusqu'à faire grief aux défendeurs de ne les avoir point
cachés, de manière à épargner à ceux qu'ils considéraient
comme des renégats, la surprise de la déception qu'ils pouvaient éprouver; qu'on n'a donc rien dit juridiquement,
lorsqu'on s'est borné à signaler, pour les flétrir, les articles
dont il s'agit, sans démontrer, en même temps, leur fausseté;

Attendu, en conséquence, qu'il échet de démettre Rességuier de sa demande;

Attendu que ce résultat peut, à certains égards, paraître
fâcheux et pour ceux qui voudraient abusivement s'en
prévaloir, constituer l'absolution indirecte d'excès hautement condamnables, mais qu'il dépendait de Rességuier

d'obtenir, à raison de ces excès, la satisfaction qui lui était due, s'il se fût borné à poursuivre, avec moins d'éclat, la réparation des griefs personnels, dont il avait à se plaindre ; qu'il a jugé préférable de faire sortir le procès de ces limites, de transformer ces griefs personnels en griefs industriels, intéressant avec lui l'industrie tout entière, et d'attribuer à sa demande dans un débat retentissant l'importance d'une cause qui s'intitule volontiers la cause d'une industrie contre le socialisme ; que suivre le demandeur sur ce terrain serait donner aux faits dont le tribunal est saisi, des proportions qu'ils n'ont point, et, de plus, empiéter sur un domaine où la justice n'a point le droit de pénétrer.

Attendu que les dépens sont à la charge de la partie qui succombe :

Par ces motifs,

Le tribunal jugeant publiquement contradictoirement en matière ordinaire et en premier ressort, après en avoir délibéré, **démet Rességuier de sa demande** et le condamne aux dépens.

VII

Jugement de la cour d'appel de Toulouse

La cour a condamné solidairement M. Jaurès, la *Dépéche* et la *Petite République*, à quinze mille francs de dommages-intérêts.

Voici le texte même de cet arrêt (20 juillet) :

Attendu que la loi de 1864 a eu pour but nécessaire, en détruisant toute prohibition concernant les coalitions, de donner aux ouvriers la liberté de l'entente qui leur était indispensable pour faire prévaloir leurs revendications, et cela, sans examiner si la grève a eu, à son origine, une cause juste ou injuste ;

Que toutefois, dans l'état de conflit créé par la grève, le législateur a entendu que les parties en présence fussent tenues de s'abstenir de tous actes qui, par leur nature, violents ou frauduleux, viendraient compromettre ou la paix publique, ou les droits acquis des partis en présence, ou la liberté du travail ;

Attendu que la loi de 1864 n'a pas voulu donner une situation exceptionnelle ou privilégiée aux ouvriers ; qu'elle n'a pas été faite exclusivement pour eux ; qu'elle s'applique à tous ouvriers et patrons ;

Que l'innovation apportée à l'article 414 du Code pénal par la loi de 1864 est complète ; que l'ancien article 414 ne punissait la coalition des patrons qu'en tant qu'elle devait amener la baisse des salaires ; qu'une coalition de patrons, faisant des sur-offres à certains ouvriers pour les attirer, des ateliers où ils travaillaient, dans leurs propres ateliers, n'aurait pas été punissable;

Qu'au contraire, l'ancien article 414 atteignait toute coalition des ouvriers pour suspendre, empêcher ou enchérir les travaux, quelle que pût être la légitimité du but poursuivi;

Que cette différence entraînait dans la pratique des résultats choquants; que les juges, liés par des textes précis et formels, ne pouvaient condamner les patrons qui se coalisaient ouvertement, alors que la répression était assurée contre les ouvriers dont le seul délit consistait à se mettre en grève pour obtenir une augmentation de salaire;

Que la loi de 1849 tenta une réforme qui parut bientôt insuffisante;

Que la loi de 1864, en abrogeant les anciens articles 414, 415, 416 du Code de 1810, en leur substituant des dispositions nouvelles, a admis que la coalition, soit entre patrons, soit entre ouvriers, n'est pas, par elle-même, un fait illicite et punissable; que le rapporteur de cette loi a été, à cet égard, précis et formel;

Qu'avant la loi de 1864, le délit existait par cela seul qu'il y avait accord pour la hausse ou pour l'abaissement des salaires, alors même que cet accord n'eût été accompagné d'aucune atteinte à la liberté d'autrui; qu'alors que la loi ancienne fixait le délit dans le fait même de la coalition, la loi de 1864 ne le voit plus que dans l'atteinte à la liberté du travail, se manifestant par l'emploi de violences, voies de fait, menaces, manœuvres frauduleuses, tendant à produire ou à maintenir une cessation concertée de travail dans le but de porter atteinte au libre exercice de l'industrie et du travail;

Que la loi de 1864 fait une situation identique à l'ouvrier et au patron; que les uns et les autres sont placés sur le pied d'égalité; qu'ils ont mêmes droits, mêmes obligations;

Mais attendu que, de ce que les actes autrefois punis par l'article 416 du Code pénal sont devenus licites au point de vue pénal, il ne suit pas qu'ils soient licites au point de vue civil; que la loi civile défend tous les actes qui constituent une faute et qui portent atteinte au droit d'autrui;

Que, dès que les actes commis soit par les patrons, soit par les ouvriers, se résolvent en une violation de la liberté individuelle, ils constituent un délit civil, et si un préjudice en est résulté, il doit être réparé;

Qu'il y aura donc lieu de rechercher, à ce premier point de vue, dans les faits de la cause, s'il y a eu violation de la liberté individuelle; que c'est une question de fait dont la solution peut varier avec les circonstances;

Attendu que la grève qui a éclaté à Carmaux, le 1er août 1895, a été déterminée par des considérations qu'il faut préciser; que la base du contrat de travail intervenu, le 24 mai 1895, entre Rességuier et ses ouvriers consistait, de la part du patron, à payer des salaires plus élevés que dans les ateliers de verrerie similaires et à leur accorder une majoration de 3 %; que, moyennant cet accord, Rességuier avait cru prévenir tout mécontentement et, partant, toute cause de grève;

Que tel était le contrat quand un incident en amena la rupture de la part des ouvriers; que Baudot, dont l'inexactitude avait antérieurement donné lieu à un avertissement, et Pelletier, autre ouvrier verrier, s'étant absentés pendant plusieurs jours, sans permission et contrairement au règlement de l'usine, Rességuier les congédia;

Que ce renvoi fut la cause ou le prétexte d'une déclaration de grève;

Qu'en quittant alors, avec ensemble, l'usine, les ouvriers ont détruit le contrat de travail qu'ils avaient librement accepté; que c'était leur droit;

Qu'à la suite de cette rupture, effectuée par les ouvriers, Rességuier, dégagé par eux du contrat primitif proposa des conditions nouvelles à la reprise du travail et à la rentrée des ouvriers dans l'usine;

Qu'il faut, en établissant ainsi les origines et les causes du conflit, reconnaître que toutes choses étaient dans le droit des parties, au point de vue légal de la grève;

Que si le droit des ouvriers est ainsi reconnu, on est amené à dire que, en ce qui concerne Rességuier, son attitude ne peut donner prise à aucune critique au point de vue de l'exercice normal de ses prérogatives;

Attendu que, au cours de cette grève, des interventions se sont produites de la part du député Jaurès et des journaux *la Dépêche* et *la Petite République;*

Attendu que le Tribunal de Toulouse, dans le jugement dont est appel, admet que « l'ingérence des tiers dans une grève, est quoique dommageable pour autrui, un acte licite parce que, aux termes de l'article 1382 du Code civil, celui-là est seul responsable qui **a** commis une faute et qu'il n'y a point de faute à user d'un droit, *sans d'ailleurs en abuser;*

Que la Cour ne saurait admettre cette solution qu'on ne peut abuser d'un droit que si on en dépasse les limites; dans ce cas, on en a, non pas abusé, ou fait un mauvais et répréhensible usage, mais on s'est mis en dehors de lui et on en est sorti; que si, au contraire, restant dans ses limites on en a usé dans toute son étendue, dans toute sa rigueur, on ne pourra dire qu'on a abusé de son droit;

Que le tribunal commet encore une erreur juridique en constatant l'abus dommageable d'un droit; quand on possède un droit, l'exercice de ce droit fût-il, dommageable pour autrui, ne peut constituer une faute, engendrer une action en dommages-intérêts, parce qu'il n'y a pas faute à user de son droit; qu'il ne saurait exister un abus d'un droit, car ce qu'on appelle un droit, c'est en réalité l'absence d'un droit, un acte en dehors des limites normales du droit allégué ou reconnu;

Qu'en suivant les principes énoncés dans la sentence des premiers juges, il y a lieu de se demander si, ainsi qu'elle le déclare, des tiers, journalistes, députés, citoyens, ont le *droit* de s'ingérer dans une grève, dans un conflit élevé entre patrons et ouvriers;

Que, si ce droit est reconnu par la loi, il en faudra fixer les limites normales : si on l'a simplement exercé, aucune responsabilité ne sera encourue; que, si on en a franchi les limites, on en a accompli des actes illicites, et, s'ils sont en même temps dommageables, on devra indemniser quiconque aura souffert de ces actes;

Mais qu'il faut se demander si les tiers ont le *droit* d'intervenir dans une grève; que le Tribunal reconnaît ce *droit* comme une conséquence *nécessaire* au droit de grève; que si ce droit est une conséquence nécessaire, l'immixtion des tiers doit trouver dans la sanction légale de ce droit, sa propre consécration;

Que la Cour repousse une pareille thèse; que la loi permet aux ouvriers de se coaliser, de faire grève, et qu'elle n'a pas inscrit dans son texte cette conséquence que les premiers juges disent pourtant nécessaire tout de suite; qu'en fait, de nombreuses grèves sont nées et ont été clôturées quelquefois à la satisfaction des ouvriers, sans aucune ingérence, sans aucune intervention; qu'il faut dire que l'ingérence des tiers n'est pas légitimée par le droit; qu'elle n'est qu'excusable quand elle n'est pas de nature à porter préjudice à autrui; qu'elle n'est pas le corollaire et ne constitue pas l'accessoire indispensable à la loi; que le respect de la loi de 1864 ne s'étend pas à l'intervention des tiers; qu'il en résulte qu'elle n'autorise pas leur ingérence;

Qu'elle ne donne pas à ceux-ci le droit d'intervention, d'immixtion; qu'elle laisse, au contraire, les tiers sous l'empire du droit commun;

Que, pour justifier sa thèse, le Tribunal fait ressortir le droit d'ingérence, de l'attention et de la préoccupation qu'inspirent les grèves au public, à la presse, aux membres des assemblées et du gouvernement; qu'il faut répondre que cette attention ne constitue pas un intérêt juridique pouvant justifier ou autoriser une intervention dommageable pour l'une ou pour l'autre des parties en conflit;

Qu'il résulte de ces principes que nul n'a le droit de s'immiscer dans les affaires d'autrui (art. 1166 du Code civil), à moins d'y avoir soi-même un intérêt réel, appréciable, qui est alors le générateur d'un droit destiné à sauvegarder ce même intérêt; que, sans un intérêt propre et personnel à protéger ou à faire valoir, l'immixtion dans les affaires d'autrui ne constitue ni l'exercice d'un droit, ni m me l'exercice d'une simple faculté;

Que l'immixtion de Jaurès et des journaux intimés est un fait, volontaire, susceptible, suivant les circonstances et selon ses conséquences, d'engendrer des effets juridiques, de donner naissance à des obligations ou de n'en créer aucune;

Que ce n'est donc qu'un pur fait et non l'exercice d'un droit antérieur;

Qu'en ce qui concerne Jaurès, il pouvait avoir trouvé des raisons d'intervenir, parce qu'il répondait à l'appel d'une partie intéressante de ses électeurs, et parce que ceux-ci l'avaient pris en qualité de guide et de conseil;

Que, pour les journaux intimés, leur intervention spontanée s'explique par ce fait que la grève était un événement public en soi, se rattachant à des questions sociales de premier ordre; qu'il est naturel qu'ils pussent enregistrer les diverses phases que la grève revêt et les multiples circonstances qu'elle provoque;

Que, d'ailleurs, on ne saurait les priver de traiter les questions qui intéressent l'ordre public, l'ordre social, qui touchent si profondément à l'industrie nationale, c'est-à-dire à la fortune publique;

Mais, attendu que cette ingérence est subordonnée à la

règle essentielle de ne point user d'excitations malsaines, de manœuvres, de fausses nouvelles, de mensonges, de pratiques artificieuses ou dolosives ;

Que l'article 1382 consacre une règle sans laquelle il n'y a pas de société possible ; que la première des libertés qui dérivent de toute institution sociale, c'est la nécessité de respecter les droits acquis ;

Que la liberté de la presse, celle de la parole et des écrits ne vient qu'en seconde ligne quand il s'agit d'un citoyen, homme privé, d'un industriel qui recherche, dans l'exploitation de son entreprise, la source de sa fortune en même temps que le maintien de son honorabilité et de sa personnalité ;

Attendu qu'indépendamment de l'article 1382 du Code civil, il peut se rencontrer, dans une grève, des faits délictueux proprement dits au sens criminel, susceptibles d'engager la responsabilité de leurs auteurs ;

Que vainement on soutient que, sous ce dernier rapport, la loi de 1864, en remaniant l'article 414, aurait entendu seulement protéger les ouvriers les uns à l'égard des autres, et aurait entendu ne pas se préoccuper des patrons, pas plus que de l'action réflexe de leurs actes à son endroit ;

Mais, attendu que l'article 414 est général et absolu ; que l'esprit qui l'a dicté donne la mesure de son applicabilité ; que, sans doute, il peut exister telles circonstances qui ne seraient pas de nature, bien qu'elles aient été créées, à donner ouverture à l'action en dommages de la part du patron ; mais qu'il en est d'autres, au contraire, dont le contre-coup se fait sentir vis-à-vis de l'employeur ;

Qu'ainsi, empêcher un ouvrier de se rendre au travail, c'est bien commettre un délit dont l'ouvrier est directement la victime ; mais qu'il est d'évidence que le patron, privé de cet auxiliaire qui se serait rendu chez lui, a subi par cela même un dommage ;

Attendu qu'on comprend encore qu'il ait aussi ouverture

à dommage dans certains actes qui paraissent au premier abord n'atteindre que les ouvriers eux-mêmes ; qu'ainsi le fait de dire à des ouvriers, pour les encourager à maintenir la grève, que leur patron est un affameur, qu'il réalise des bénéfices très considérables à l'aide notamment de la contrefaçon ou à l'aide de tarifs réduits qui lui sont octroyés par faveur par des Compagnies de chemins de fer, amène ce double résultat de convaincre les ouvriers qu'ils ont pour patron un homme d'une honorabilité suspecte et d'une délicatesse peu scrupuleuse en ce qui concerne sa rapacité au sujet des salaires ;

Que, si on veut se demander quelle est l'opinion que des assertions de cette nature et les nombreuses injures et diffamations qui en ont été le développement, ont accrédité, non seulement chez les ouvriers, mais aussi dans le public, on n'a qu'à lire la liste des souscriptions, pourtant licites en elles-mêmes, qui ont été envoyées aux journaux et reproduites par eux, qu'on y lit en effet : « Un qui voudrait buriner la tête à Rességuier. — Rességuier à Charenton. — Rességuier tortionnaire. — Malédiction à Rességuier. — Un qui couvrirait Rességuier d'une couche de minium pour l'envoyer aux Peaux-Rouges. — Rességuier à Montfaucon. — Un taupier qui voudrait mettre Rességuier les pattes en l'air. — Rességuier qui devrait être coupé en deux », etc., etc.

Qu'il suffit de ces citations bien incomplètes pour établir l'effet que les injures et les diffamations prodiguées à Rességuier, ont dû amener de colères et d'excitations parmi ses propres ouvriers, puisqu'ils amenaient des étrangers à la grève à exprimer dans de pareils termes les sentiments que leur faisaient éprouver les accusations portées contre Rességuier ;

Quant à ce qui touche la personnalité de Rességuier, non plus seulement dans sa probité professionnelle, mais dans sa sécurité, on ne peut passer sous silence l'attentat dont il a été victime à Carmaux, de la part d'un assassin resté inconnu ;

Qu'on ne peut nier que cet attentat ne fût le résultat de toutes ces excitations;

Que ce qui établit de plus fort l'état des esprits, à cette occasion, c'est que l'assassin ne put être poursuivi, grâce à la foule qui l'entoura et protégea sa fuite;

Que cette complicité, que d'honnêtes ouvriers auraient repoussée en tout autre temps et en toute autre circonstance, fut cependant accomplie, peut-être inconsciemment, par des hommes égarés;

Attendu que Jaurès, les journaux *la Dépêche, la Petite République* ont caractérisé leur immixtion par les procédés mêmes dont ils ont fait usage; que si les diffamations et les injures sont atteintes par la prescription, elles donnent la sensation expressive de l'air ambiant qu'on respirait dans la grève, et, par conséquent, de la nature essentiellement agressive et non modératrice, équitable, sainement appréciatrice des intérêts en présence, qu'apportaient dans la lutte les adversaires de Rességuier;

Attendu qu'indépendamment de la prescription qu'on invoque, ces diffamations et injures peuvent être retenues dans l'espèce comme constitutives de manœuvres frauduleuses, de fausses nouvelles, en un mot, de circonstances et moyens énumérés dans l'article 414 du Code pénal;

Que le Tribunal fait avec raison la distinction nécessaire en s'attachant tant aux termes de la citation qu'à ceux des conclusions prises à la barre;

Qu'un même fait peut se présenter sous des aspects multiples, avoir un caractère juridique différent et produire des effets juridiques aussi différents, suivant le point de vue sous lequel le fait est considéré;

Que les injures diffamatoires, menaces et autres actes dirigés contre Rességuier, peuvent être considérés comme générateurs directs et immédiats d'un dommage, invoqués avec raison de la partie dommageable qui leur est exclusivement propre;

Que c'est la réparation directe de l'injure, de la diffamation que poursuit la partie lésée;

Qu'à ce point de vue, la loi de 1881 s'applique et, avec elle, la prescription particulière de l'article 65;

Qu'en outre les injures et diffamations peuvent être considérées comme des éléments qui, par leur réunion, leur rapprochement, leur comparaison vont constituer un délit civil, ayant une autre dénomination, le délit de manœuvres frauduleuses;

Que c'est ce délit qui sera le générateur du préjudice causé, les injures, les menaces, les diffamations n'étant que des délits divers dont la réunion, l'ensemble composera le nouveau fait;

Que considérées ainsi comme éléments d'un délit civil d'une autre espèce, les injures, les diffamations cessent de produire un effet direct; elles ne sont plus la cause génératrice, immédiate, unique du préjudice causé;

Que ce n'est plus l'action directement engendrée par elle qu'on fait valoir;

Que c'est une autre action qui, elle, n'est pas soumise à la prescription de trois mois;

Que Rességuier avait le droit incontestable de délaisser le premier point de vue et de se placer exclusivement au second point;

Que c'est ce qu'il a fait dans la citation et dans les conclusions développées en son nom à l'audience;

Que le Tribunal le constate et a, sur la demande des intimés, donné acte;

Attendu qu'il est de principe que la loi de presse doit céder le pas devant la loi pénale de droit commun lorsqu'il est possible, avec les circonstances de fait elles-mêmes, de qualifier indifféremment de l'une ou de l'autre façon;

Que dénaturer la cause de la grève, représenter Rességuier comme ayant perfidement rompu le contrat de travail pour amener une grève qui devait lui être profitable par l'abaissement des salaires; dire ou écrire qu'il n'a eu d'autre but que de briser les syndicats et les socialistes, qu'il a formé ce complot avec le gouvernement, qu'il a associé à cette œuvre l'administration, la justice et l'armée, que c'est un pacte de famine ;

Qu'il s'est montré de la plus insigne mauvaise foi ;

Qu'il a accrédité mensongèrement le bruit que ses fours étaient rallumés alors qu'ils étaient encore éteints ;

Que le travail avait reprit dans son usine alors qu'il n'avait trouvé, pour faire croire à une reprise sérieuse, que des ouvriers « incapables et sacripants » (1er septembre, *la Dépêche;* 25 août, *la Petite République;* 2 août, Jaurès dans *la Dépêche* du 3 ; 4 août, *la Dépêche;* 11 août, *la Petite République;* 8 août, Jaurès ; 16 août, Jaurès ; 19 août, *la Petite République;* 25 août, *la Petite République;* 4 et 16 août, *la Dépêche;* 14 août, Jaurès et *la Dépêche;* 17 août, *la Dépêche;* 25 août, *la Petite République;* 15 août, 4 et 5 octobre, *la Dépêche*) ;

Attendu qu'à raison d'autres constatations qui seront faites dans le présent arrêt et de celles qui viennent d'être établies, on peut dès à présent déclarer que les manœuvres employées sont frauduleuses ;

Qu'elles sont mensongères ; qu'elles sont faites de mauvaise foi et qu'elles avouent un caractère déterminant pour la continuation de la grève ;

Qu'il y a dans l'ensemble des discours et des écrits de Jaurès, non désavoués par lui, comme dans la publicité de *la Dépêche* et de *la Petite République,* de fausses nouvelles, des injures, des diffamations, des manœuvres enfin prévues par l'article 414 du Code pénal ;

Attendu qu'il a été démontré plus haut que ces faits, qui ont eu pour résultat la prolongation de la grève, ont porté, par cela même, un préjudice à Rességuier ;

Attendu, en effet, qu'on ne saurait comparer une grève à un divorce; que les parties ne sont pas considérées comme irrémédiablement désunies : que tous les efforts du législateur tendent ici à rapprocher les parties en présence et à mettre fin à une crise toujours fàcheuse, sinon ruineuse, pour les ouvriers comme pour le patron (loi de 1892 sur l'arbitrage);

Que sans doute, la liberté du travail, la rupture du contrat de travail paraissent impliquer que la grève en soi, quelle que soit sa prolongation et sa durée, ne peut pas créer ouverture à dommages pour le patron, puisque les ouvriers ont le droit absolu, dont ils usent à leurs risques et périls, de rester en état de chômage;

Mais qu'il importe de savoir si cet état ne s'est pas perpétué à cause de la nature et du caractère des conseils illicites qui leur ont été fournis;

Que la meilleure preuve que Jaurès, par exemple, était devenu, à ce point de vue, le *dominus litis*, c'est que d'abord il est intervenu dans toutes les négociations proprement dites, et qu'ensuite le jour où il a constaté ou estimé que la lutte ne pouvait plus être continuée, le travail a repris en quelque sorte, sous son commandement :

Que ce fait de directeur de la grève ne saurait être d'ailleurs contesté par lui, puisque dans un article du journal *la Dépéche* il s'écriait : « Que c'est à l'aide de ses fatigues et de ses sacrifices qu'il avait mené à bien l'œuvre libératrice »;

Attendu que ces faits étant constants, il y a lieu d'établir que l'article 1382 est applicable, indépendamment des faits signalés déjà, et que son application doit avoir lieu pour deux autres séries de faits;

1° L'assertion souvent répétée qu'il n'y avait dans l'usine que des pseudo-ouvriers, ce qui était faux, et permettait aux ouvriers de croire que le patron, capable de recourir vis-à-vis d'eux à de tels artifices, ne tarderait pas à être à leur merci, et que, dans tous les cas, ces ouvriers malhabiles, inexpérimentés, ignorants de leur art, n'appartenant pas à la profession, ne fabriquaient que des articles de rebut, ce qui devait nuire au patron, au regard de sa clientèle, au point de vue des produits qu'il manufacturait;

2° Les désembauchages qu'il y a lieu de distinguer entre ceux qui ont été faits par persuasion ou convention et ceux qui ont été amenés à l'aide de remises de sommes d'argent ;

Que cette remise de fonds, accompagnée de faux renseignements sur l'état de l'usine, constitue, à côté du conseil permis, un moyen sans lequel la persuasion n'aurait pas triomphé, et, par conséquent, un acte matériel et non plus intellectuel ;

Que, du reste, il existe des ouvriers qui, étant dans les liens d'un contrat de travail par l'embauchage, transgressaient une convention ;

Qu'autant il pouvait être licite d'inviter les ouvriers à ne pas s'embaucher, autant il était illicite de les détourner de leurs engagements, scellés pour quelques-uns d'entre eux par la remise ou l'envoi d'arrhes ;

Attendu que c'est se placer en dehors des faits les mieux établis que de soutenir, ainsi que l'ont déclaré les premiers juges, qu'il n'y a pas lieu à dommages parce qu'il n'existe aucune relation de cause à cet effet ;

Sur le dommage, attendu que la grève devait avoir et a eu incontestablement pour résultat la suspension de la fabrication des bouteilles ;

Qu'il est certain encore que les fours ont été éteints et que l'industrie a été arrêtée ; et que ce n'est que dans la seconde période de la grève que Rességuier a pu recommencer à travailler ;

Attendu toutefois que Rességuier n'aurait, en principe, aucun dommage à réclamer par suite de la grève elle-même, c'est-à-dire de l'exercice du droit des ouvriers, même si ceux-ci obéissent à des sentiments injustes ;

Mais qu'il a été démontré plus haut que le dénigrement systématique dont Rességuier a été l'objet, tous les faits rentrant dans l'article 1382, les actes se rattachant à l'application de l'article 414, en un mot, tous les faits ci-dessus relevés ont tous concouru à déterminer et ont déterminé les ouvriers à rester en grève ;

Que, si le syndicat, voulant astreindre les ouvriers à subir sa loi, avait exercé, vis-à-vis de la collectivité, des actes de cette nature pour prolonger la grève, on ne saurait contester que Rességuier aurait été en droit de l'actionner ;

Qu'on ne peut admettre qu'il en soit différemment quand ce sont des tiers qui, dolosivement ont déterminé les ouvriers ;

Attendu que les premiers juges ont déclaré qu'il n'existait aucune relation de cause à cet effet ;

Mais, qu'au contraire, tout démontre que ce n'est que par ces excitations que les ouvriers sont restés à l'état de conflit et n'ont pas repris le chemin de l'usine ;

Qu'une telle appréciation serait un flagrant démenti infligé à Jaurès lui-même qui s'en est proclamé le chef et le directeur et qui déclare au moment où la grève a cessé, que c'est lui qui a mené à bien « l'œuvre réparatrice » ;

Que si les ouvriers n'ont pas repris plus tôt leur travail, c'est comme le leur disait Jaurès et les journaux poursuivis, parce « qu'il ne fallait pas capituler devant un affameur qui avait employé pour nuire à ses ouvriers tous les moyens déshonnêtes, devant le patron qui avait sciemment menti aux ouvriers embauchés ; qu'il a joué vis-à-vis d'eux une comédie ignoble ; qu'en agissant ainsi Rességuier voulait assurer son droit à la famine ; qu'il a commis un acte criminel et un guet-apens nocturne ; qu'il se livre à des rapines éhontées ;

« Que ses paroles sont celles d'un voleur de brevets ;

« Que le gouvernement est l'auxiliaire de cet individu ; que toute la conduite de Rességuier n'est qu'une manœuvre capitaliste et cléricale pour tendre un piège aux ouvriers et abuser de leur inconscience ;

« Que Rességuier bat monnaie avec la famine des ouvriers ;

« Qu'il ne cherche que des satisfactions d'argent ;

« Qu'il fait succomber des victimes ; que c'est un écumeur et un pirate d'industrie qu'il faut marquer au front ; qu'il est un heureux bandit, un escroc, un escobar immonde, un maître affameur, un menteur, un contrefacteur ;

« Que les ministres sont ses complices criminels ; qu'il aura une fin immonde, couronnement de son infâme existence » ;

Qu'enfin, dès le début, Jaurès laissait entrevoir une solution sanglante en prévenant le ministre que, si on laissait les ouvriers désarmés devant les violences, ils répondraient par la violence, et que, ce jour-là, il se mettrait à leur tête. (3, 4, 5 octobre, la *Dépêche* et 1er août 1895 ; 2 septembre, Jaurès et la *Petite République ;* 12 août, la *Dépêche ;* 7 août, la *Dépêche ;* 31 août, *Petite République ;* 16 août, la *Dépêche ;* 15 août et 31 août, *Petite République ;* 8 août, Jaurès ; 16 août et 25 août, *Petite République ;* 5 et 18 août, Jaurès ; 7 août, la *Dépêche ;* 6 décembre, *Petite République ;* 19 août, la *Dépêche ;* 8 septembre, *Petite République ;* 14 août, Jaurès ; 16 et 19 août, la *Dépêche* et la *Petite République ;* 15 et 28 août, *Petite République ;* 6 septembre, *Petite République ;* 10, 12 et 14 septembre, *Petite République ;* 8 août, Jaurès ; 21 août, *Dépêche* et Jaurès ; 28 août et 2 septembre, *Petite République ;* 16 septembre, *Petite République) ;*

Que, d'autre part, en apportant leur obole sollicitée par l'ouverture d'une souscription, tous les souscripteurs ont à l'envi répété qu'ils se solidarisaient avec ceux qui, étant « les victimes d'un exploiteur infâme, d'un industriel sans honte et sans vergogne », ne pouvaient pas et ne devaient pas être livrés à discrétion ;

Qu'ainsi, c'est justement parce que les imputations de toute nature s'accréditaient auprès de tous les ouvriers, que ceux-ci devaient être secourus, pour ne pas être obligés de reprendre le travail chez un tel homme ;

Qu'ainsi, comme il a été dit plus haut, le travail a été repris le jour où Jaurès et autres en ont donné le conseil ;

Que cette obéissance et cette discipline, toujours suivies,

démontrent, avec la dernière évidence, la relation de cause à effet ;

En ce qui concerne Jaurès, attendu qu'il est certain qu'il n'est pas le provocateur de la grève et qu'il n'est intervenu, sur l'appel des grévistes, qu'après que ceux-ci l'ont eu déclarée ;

Qu'il faut encore reconnaître que ses premières démarches ont tendu vers une conciliation, mais que, dans la suite, ses discours et ses publications ont revêtu un caractère particulier de gravité ;

Qu'on peut y retrouver tous les éléments constitutifs d'une faute tombant sous l'application de l'article 1382 du Code civil ;

Qu'il a dénaturé les causes de la grève (des 6 et 8 août, dépêches à MM. Ribot et Leygues ; 5 et 6 août, dépêches à la chambre syndicale ; dans l'article publié par la *Dépêche* du 14 août ; par son discours à Narbonne du 26 août ; par celui de Graulhet du 29 août ; du Tivoli-Vaux-Hall du 1er septembre ; par son discours du 14 septembre) ;

Qu'il a proféré des injures et des calomnies par ses discours du 14 août, à Toulouse ; du 2 août, à Narbonne et à Graulhet ; du 27 septembre, au Tivoli-Vaux-Hall ; du 19 septembre, à la chambre syndicale, et par ses articles des 28 août, 4, 11, 26, 27 septembre ;

Qu'on retrouve dans ses discours la faute provenant des injures et diffamations à l'adresse de Rességuier ;

Que ces menaces résultent de son discours à la chambre syndicale du 4 août ;

Que, quoique dirigées contre Rességuier, elles ne pouvaient, sans doute, être de nature à atteindre les ouvriers et porter ainsi atteinte à la liberté du travail ;

Mais qu'elles doivent être retenues comme une excitation à maintenir la grève et à donner aux ouvriers un sentiment de haine contre leur patron ;

Qu'il a répandu de fausses nouvelles dans le but d'empêcher l'embauchage des ouvriers par les deux télégrammes adressés à la *Petite République,* en date des 17 et 20 août, par son article du 3 octobre publié par la *Dépêche;* par son télégramme du 3 octobre et par celui du 4 adressé à M. Millerand; par ses articles des 9 et 16 octobre publiés par *la Dépêche;* par ses discours des 9 et 10 octobre à la chambre syndicale;

Qu'il s'est associé par ses conseils aux manœuvres tendant à obtenir le désembauchage des ouvriers;

Que cela résulte de son discours à Carmaux du 13 octobre; de son article du 16 publié par la *Dépêche;* de son discours du 17 octobre à la chambre syndicale;

Qu'il a jeté du discrédit sur les nouveaux ouvriers employés par Rességuier (14 novembre, Jaurès et la *Petite République,* et 16 octobre, la *Dépêche);*

Attendu que tous ces faits sont établis et qu'ils constituent des manœuvres défendues par l'article 414 du Code pénal; qu'ils ont engendré des fautes civiles ou quasi-délits, rendant applicables les dispositions des articles 1382 et 1383 du Code civil;

Que ces faits ont eu pour but et pour résultat d'exciter les ouvriers à prolonger la grève, à nuire à l'industrie de Rességuier et à lui causer un préjudice;

En ce qui touche le journal *la Dépêche;* attendu que par la publication des articles, dépêches et discours ci-dessus, des 31 juillet, 1, 2, 3, 4, 6, 14, 15, 16, 17, 19 août, ce journal s'est associé aux manœuvres établies à l'encontre de Jaurès ou y a pris une part directe;

Que dans ses numéros des 9, 12, 17, 18, 20, 21, 23, 25, 26, 27 août, 8, 10, 24 septembre, 7, 13 octobre, 4 et 10 novembre, il s'est associé soit directement, soit par la reproduction d'articles et de discours aux injures ci-dessus établies;

Que dans ses articles des 9, 12, 14, 19, 21, 22, 27, 30 août, 2 novembre, Rességuier y relève avec raison la faute résultant des diffamations;

Qu'il a participé aux menaces telles qu'elles ont été caractérisées plus haut en reproduisant les discours et articles qui les renferment;

Qu'il a inséré de fausses nouvelles dans ses articles des 13, 16, 29, 30 septembre, 2, 3, 4, 5, 6, 8, 9, 10, 13, 14, 16, 17, 18, 19, 21, 23 octobre, 10 novembre, 3 et 9 décembre;

Attendu que les manœuvres tendant à obtenir le désembauchage des ouvriers se trouvent établies par la publicité donnée aux articles et discours des 16 et 17 octobre; qu'en publiant l'article du 16 octobre, le journal *la Dépêche* a jeté un discrédit sur les nouveaux ouvriers et qu'elle a renouvelé ses attaques contre eux dans les numéros des 5, 8 et 11 septembre, des 10, 12, 20, 21, 22, 23, 24, 25, 26, 29 octobre, 3, 6, 14, 15, 21, 22, 25 novembre;

En ce qui concerne le journal *la Petite République,*

Attendu que dans ses articles des 9, 11, 12, 15, 16, 20, 21, 25, et 31 août, ce journal a dénaturé la cause de la grève; que par ses publications des 19, 23, 26, 27 et 28 août, 2, 6, 10, 12, 16 septembre et particulièrement par les nombreuses listes de souscription qu'il a publiées, il a commis la faute résultant des injures, des diffamations et des menaces que ces publications renferment, que la faute résultant de la diffamation se trouve établie par les publications ci-dessus et par celles des 8, 22, 23, 24 et 30 août;

Que la faute résultant des menaces est établie par la publicité donnée aux souscriptions par les termes où elles se produisaient et par les articles des 28 août, 27 septembre, 4 octobre et 13 novembre;

Que la faute résultant des fausses nouvelles se trouve établie par ses articles des 8 octobre, 9, 18, 19, 21 et 23 novembre;

Que, dans le numéro du 17 octobre, il s'est associé aux manœuvres pratiquées pour obtenir le désembauchage;

Qu'enfin, on retrouve dans les articles des 31 août, 4 septembre, 16 octobre, 4, 9, 18, 20, 23 novembre, des agissements ayant pour but de discréditer les nouveaux ouvriers ;

Attendu qu'on ne peut séparer tous ces faits les uns des autres ;

Que c'est la combinaison et l'ensemble de ces agissements qui constituent les manœuvres de l'article 414 et le quasi-délit de l'article 1382 ;

Que ce serait sortir du procès que d'envisager à part l'un ou l'autre de ces faits et de trouver l'insuffisance en soi de chacun de ces faits pris séparément pour constituer une manœuvre efficace ;

Que les intimés eux-mêmes l'ont entendu ainsi, puisque, d'après eux, « c'est une campagne qu'ils ont organisée pour triompher de la résistance de Rességuier » ;

Que la base de cette campagne a été d'ameuter les passions politiques et socialistes, en accusant « Rességuier et le gouvernement de complot avec les réactionnaires de vouloir détruire la liberté syndicale, de supprimer les droits du suffrage universel, de vouloir dans ce but affamer les ouvriers » ;

Qu'on excite en même temps que les passions politiques, les passions générales, en représentant Rességuier « comme possesseur d'une fortune considérable, gagnée par le vol, la contrefaçon, le privilège de tarif et l'exploitation des ouvriers » ;

Que cette accusation a été colportée dans les réunions publiques, surtout en août et en septembre ;

Qu'on y a excité l'enthousiasme pour les ouvriers de Carmaux et la haine contre leur patron, qui se traduit dans des ordres du jour flétrissant « l'infâme Rességuier, le bandit Rességuier » et par une abondance de souscriptions où s'étalent des menaces de mort ;

Que les sentiments excités dans ces réunions se répercutent sur les ouvriers de Carmaux ;

Que ceux-ci sont, par là, engagés d'honneur à se montrer dignes de l'admiration qu'on leur témoigne ;

Qu'ils sont « les tenants d'une grande cause, les soldats d'une rude bataille ; que par eux, la bourgeoisie doit disparaître et le socialisme triompher » ;

Que l'effet de ces excitations se traduit par les termes de souscriptions publiées par les journaux et par la tentative d'assassinat du 15 octobre ;

Qu'il faut en conclure que ce serait se tromper que de supposer ces faits sans influence sur la persistance dans la grève ;

Attendu, en résumé :

Que les journaux *la Dépêche* et *la Petite République* ont publié des articles, reproduit des discours, des écrits, et ont commis ainsi une faute qui relève de l'article 1382 spécifié dans l'article 414 ;

Qu'ils ont ainsi commis un acte de complicité de droit commun ;

Qu'en ce qui a trait au quasi-délit, ils ont coopéré et ont été ses auxiliaires ;

Attendu que leurs agissements directs, en regard des faits qui ont été ramenés respectivement, tombent sous les défenses de l'article 414 puisque cet article est applicable même en ce qui a trait à la mise en exercice, par la presse, d'une quelconque des circonstances qui le constituent ou de l'article 1382 ;

Qu'en aucun cas il n'y a de prescription opposable ;

Qu'en ce qui touche les listes de souscriptions qu'il était licite de provoquer et de recevoir, les journaux qui les ont insérées sont directement responsables ;

Qu'il n'y a pas à se préoccuper de rechercher les auteurs des menaces ou des grossièretés qu'elles renferment ; qu'indépendamment de cette circonstance, que les souscriptions sont anonymes, les journaux ont commis une faute en les insérant ;

Attendu, enfin, que, pour répondre aux préoccupations que révèle, dans son dernier alinéa, la sentence des premiers juges, la Cour n'a point à émettre des sentiments ou des vues sur les conflits du capital et du travail, mais qu'elle a le devoir, cependant, de restituer aux faits leur vérité;

Que la grève de Carmaux, sous les influences et avec les événements dont il a été parlé, a pris le caractère, non plus d'une lutte d'intérêt poursuivie par des moyens légaux, mais a revêtu la nature d'un assaut redoutable, tenté à un point de vue offensif, non pas contre tel industriel revendiquant des droits particuliers, mais contre le capital lui-même, contre l'industrie, acceptable seulement à la condition de prendre des formes collectives déterminées, et cela par la suppression du patronat;

Qu'on ne saurait oublier, sans négliger ainsi un des facteurs importants de l'agitation, les faits nombreux qui ont surgi au cours de cette grève et qui ont été ou auraient pu être de nature à motiver de nombreuses décisions de la juridiction criminelle;

Que loin de chercher un apaisement, Jaurès et les journaux ont été les metteurs en œuvre de cette propagande et ont à se reprocher d'avoir déchaîné ces éléments violents;

Attendu que ces faits, relevés à l'encontre des intimés, constituent un abus qui a engendré une faute vis-à-vis de Rességuier, à qui il est dû réparation;

Attendu que cette solution est bien celle que les premiers juges ont admise; mais que, par une contradiction involontaire, ils ne l'ont pas fait suivre d'une condamnation :

Qu'en effet, le Tribunal reconnaît que « sa sentence va « constituer, pour ceux qui voudraient s'en prévaloir, « l'absolution indirecte d'excès *hautement condamnables;* « mais qu'il dépendait de Rességuier d'obtenir, à raison « de ces excès, la satisfaction *qui lui est due,* s'il se fût « borné à poursuivre avec moins d'éclat la réparation des « griefs dont il avait *à se plaindre.* »

Que les excès reconnus étant hautement condamnables et satisfaction étant due à Rességuier à l'occasion de ces excès, les premiers juges auraient dû tirer de ces justes constatations une conséquence logique et légale;

Sur les dommages réclamés par Rességuier :

Attendu qu'il est certain que ni Jaurès, ni les journaux intimés n'ont provoqué la grève et qu'il y a eu, pour la maintenir ou la prolonger, à côté d'eux des complicités multiples qui auraient pu être recherchées;

Que, d'un autre côté, Rességuier aurait pu diminuer les effets de la grève en acceptant l'offre des ouvriers qui, peu de jours après la déclaration de grève, demandaient à reprendre le travail et qui consentaient à exclure ceux que Rességuier avait congédiés;

Que Rességuier a reconnu, en outre, aux débats que, dès le début, il avait reçu, d'ouvriers étrangers, l'offre de se mettre dans l'usine aux lieu et place des grévistes et qu'il avait refusé leur concours;

Que ces considérations doivent amener une diminution dans le chiffre réclamé pour les dommages subis et que la Cour possède des éléments suffisants pour en fixer le montant;

Sur l'affichage du présent arrêt demandé par Rességuier;

Attendu que Rességuier a déjà reçu et recevra satisfaction suffisante par la publication des débats, et que, dès lors, il n'y a pas lieu de faire droit à sa demande;

Par ces motifs, la Cour, après en avoir délibéré, ouï les avocats et les avoués des parties en cause, et M. le procureur général, en ses conclusions réformant le jugement en date du 19 mars 1896, rendu par le Tribunal civil de Toulouse, dit qu'il a été mal jugé et bien appelé, et faisant ce que les premiers juges auraient dû faire;

Condamne conjointement et solidairement Jean Jaurès, député du Tarn, Gaubert, gérant du journal « la Dépêche » et Tibara, gérant de « la Petite République », pris en cette qualité, à payer à Eugène Rességuier, agissant tant en son nom personnel que comme administrateur délégué de la Société des verriers de Carmaux, à titre d'indemnité comme réparation du préjudice qui lui a été occasionné, la somme de **15.000 francs; condamne, en outre, les intimés aux dépens de première instance et d'appel, ordonne la restitution de l'amende.**

NOTA.

Le lecteur qui voudrait étudier en détail la grève de Carmaux, n'aurait qu'à consulter à la Bibliothèque du Musée Social, les dossiers de documents, et les collections de la Dépêche et du Télégramme qui ont trait à cette grève.

www.ingramcontent.com/pod-product-compliance
Lightning Source LLC
Chambersburg PA
CBHW051534050726
47595CB00002B/492